MARCHA CRIANÇA

2º ANO
ENSINO FUNDAMENTAL

PRODUÇÃO DE TEXTO

Nara Luiza Bital Chiappara

Licenciada em Letras (Português e Espanhol) e especialista em Leitura e Produção de Textos pelo Centro Universitário de Belo Horizonte (UNI-BH).
Mestra em Linguística pela Universidade Federal de Viçosa (UFV).

Maria das Graças Leão Sette

Bacharela licenciada em Letras (Português e Francês) pela Faculdade de Ciências Humanas da Pontifícia Universidade Católica de Minas Gerais (PUC-MG).
Licenciada em Letras (Português) pela Universidade Federal de Minas Gerais (UFMG-FAE/PREMEN).
Consultora de projetos didáticos de várias editoras.

Ivone Ribeiro Silva

Licenciada em Letras, com pós-graduação em Leitura e Produção de Textos.
Mestra em Linguística pela Universidade Federal de Minas Gerais (UFMG).
Professora de Língua Portuguesa em escolas do Ensino Fundamental e do Ensino Médio de Belo Horizonte (MG).

Márcia Antônia Travalha

Graduada em Letras (Português e Francês) e especialista em Estudos Linguísticos e Literários pela Universidade Federal de Minas Gerais (UFMG).
Professora em escolas públicas e particulares de Ensino Fundamental em Belo Horizonte (MG).

Antonio de Pádua Barreto Carvalho

Escritor, redator e coordenador do Grupo TBH, que, desde 1999, se dedica à produção de material didático e pedagógico de Língua Portuguesa e Literatura para várias editoras do país.

editora scipione

editora scipione

Presidência: Mario Ghio Júnior
Direção editorial: Lidiane Vivaldini Olo
Gerência editorial: Viviane Carpegiani
Gestão de área: Tatiany Renó
Edição: Mariangela Secco (coord.) e Miriam Mayumi Nakamura
Planejamento e controle de produção: Flávio Matuguma, Juliana Batista, Felipe Nogueira e Juliana Gonçalves
Revisão: Kátia Scaff Marques (coord.), Brenda T. M. Morais, Claudia Virgilio, Daniela Lima, Malvina Tomáz e Ricardo Miyake
Arte: Claudio Faustino (ger.), Erika Tiemi Yamauchi (coord.), Filipe Dias Mendonça (edição de arte)
Diagramação: Ponto Inicial Design Gráfico
Iconografia e tratamento de imagem: Sílvio Kligin (ger.), Claudia Bertolazzi (coord.), Camila Losimfeldt (pesquisa iconográfica), Fernanda Crevin (tratamento de imagens)
Licenciamento de conteúdos de terceiros: Roberta Bento (ger.); Jenis Oh (coord.), Liliane Rodrigues, Flávia Zambon e Raísa Maris Reina (analistas de licenciamento)
Ilustrações: Bruna Assis (aberturas), Ilustra Cartoon
Design: Gláucia Correa Koller (ger.), Flávia Dutra e Gustavo Vanini (proj. gráfico e capa), Erik Taketa (pós-produção)
Ilustração de capa: Estúdio Luminos

Avenida Paulista, 901, 6º andar – Bela Vista
São Paulo – SP – CEP 01310-200
http://www.somoseducacao.com.br/

Dados Internacionais de Catalogação na Publicação (CIP)

Marcha Criança : produção de texto 1º ao 5º ano / Nara Luiza Bital Chiappara...[et al]. -- 2. ed. -- São Paulo : Scipione, 2020.
(Coleção Marcha Criança ; vol. 1 ao 5)

Outros autores: Maria das Graças Leão Sette, Ivone Ribeiro Silva, Márcia Antônia Travalha, Antonio de Pádua Barreto Carvalho
Bibliografia

1. Língua portuguesa (Ensino fundamental) Anos iniciais 2. Produção de texto 3. Leitura I. Título II. Chiappara, Nara Luiza Bital III. Série

20-1072 CDD 372.6

Angélica Ilacqua - Bibliotecária - CRB-8/7057

2025
Código da obra CL 745880
CAE 721156 (AL) / 721155 (PR)
OP: 272537 (AL)
ISBN 9788547402952 (AL)
ISBN 9788547402969 (PR)
2ª edição
5ª impressão
De acordo com a BNCC.

Impressão e acabamento: EGB Editora Gráfica Bernardi Ltda.

Uma publicação SOMOS EDUCAÇÃO

Com ilustrações de **Bruna Assis**, seguem abaixo os créditos das fotos utilizadas nas aberturas de Unidade:

UNIDADE 1: **Banco de praça:** Otto Born/Shutterstock, **Fachada de prédios:** Anton_Ivanov/Shutterstock.

UNIDADE 2: **Equipamentos de laboratório:** michaeljung/Shutterstock, **Bancadas:** B Brown/Shutterstock, **Janela:** kostasgr/Shutterstock, **Plantas em garrafas:** Tim Masters/Shutterstock, **Pôster:** MicroOne/Shutterstock, **Manequim de anatomia:** Arcady/Shutterstock, **Balcão com pia:** B Brown/Shutterstock.

UNIDADE 3: **Banco com vaso de planta:** B Brown/Shutterstock, **Sofá:** Pix11/Shutterstock.

UNIDADE 4: **Castelo:** Naumenko Aleksandr/Shutterstock.

APRESENTAÇÃO

Querido aluno, querida aluna,

Prontos para embarcar no mundo da leitura e da produção de textos? Para que essa viagem seja prazerosa, com muita informação, aventura e diversão, preparamos a coleção **Marcha Criança Produção de texto**. Com ela, você vai ler e produzir, passo a passo, textos dos mais variados gêneros.

Em cada Unidade selecionamos diferentes textos, interligados por um assunto ou tema comum, e relacionados ao mundo em que vivemos.

Vocês vão ler e aprender de tudo um pouco. E, é claro, produzirão textos com o seu toque de criatividade e imaginação.

Preparados para se tornarem escritores?

Com carinho,

Os autores

Bruna Assis/Arquivo da editora

CONHEÇA SEU LIVRO

Veja a seguir como o seu livro está organizado.

UNIDADE

Seu livro está organizado em quatro Unidades. As aberturas são compostas dos seguintes boxes:

Entre nesta roda

Você e seus colegas terão a oportunidade de conversar sobre a imagem apresentada e a respeito do que já sabem sobre o tema da Unidade.

Nesta Unidade vamos estudar...

Você vai encontrar uma lista dos conteúdos que serão estudados na Unidade.

LEITURA 1 e LEITURA 2

Cada Unidade é composta de 3 itens e cada um deles aborda um gênero textual diferente. Os textos estão organizados em **Leitura 1** e **Leitura 2**.

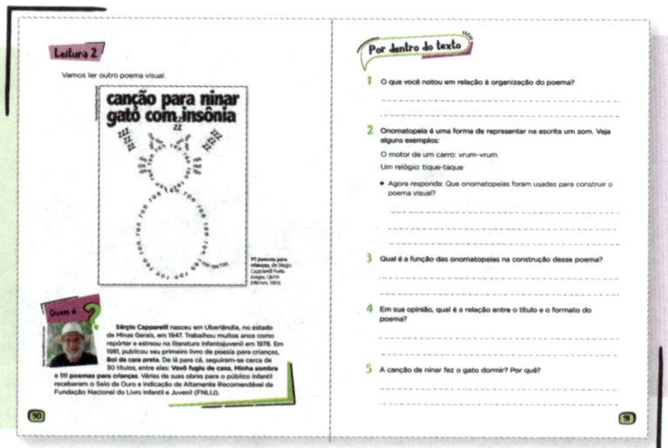

POR DENTRO DO TEXTO

Aqui você encontra atividades de compreensão do texto e exploração das características do gênero textual.

PRODUÇÃO RELÂMPAGO

Uma atividade de produção breve, para ser realizada no próprio livro.

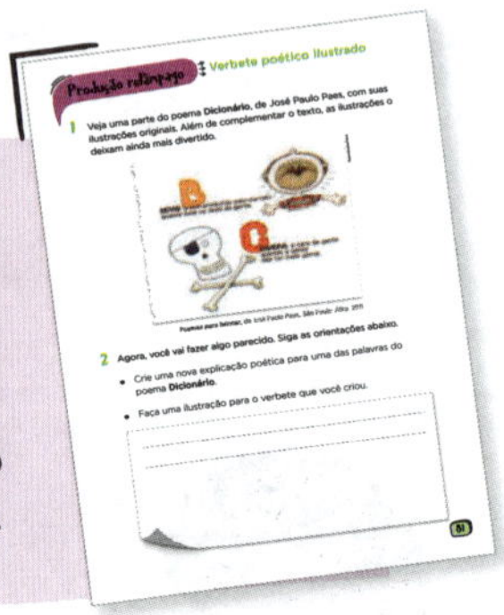

VOCÊ EM AÇÃO

Esta seção encerra o item. Nela você encontra uma proposta de produção de texto, com instruções passo a passo.

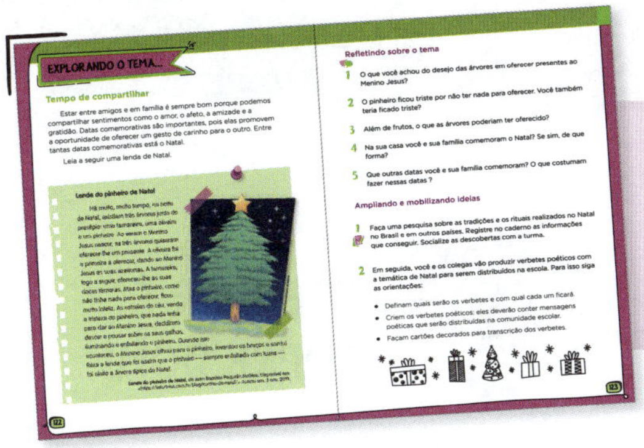

EXPLORANDO O TEMA...

Esta seção aborda temas variados para você refletir, ampliar seu conhecimento e discutir suas ideias.

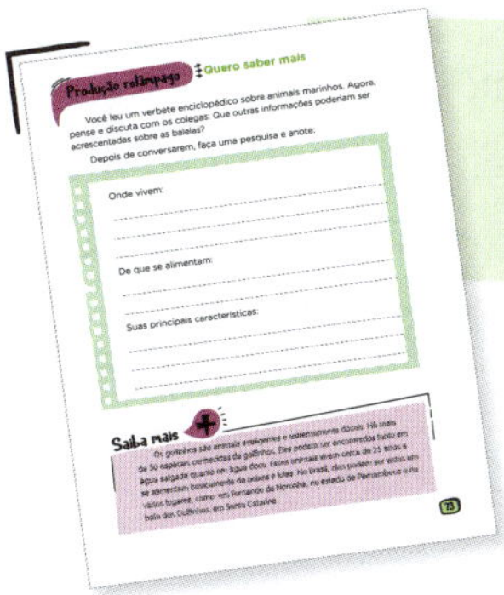

SAIBA MAIS

Boxe com curiosidades e dicas sobre o conteúdo estudado.

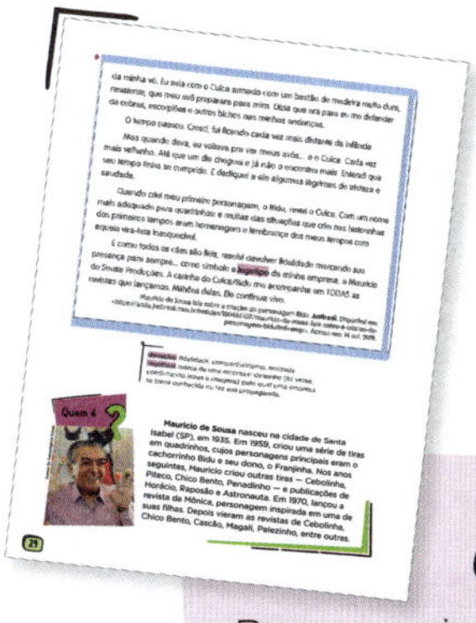

QUEM É?

Boxe com informações sobre autores e artistas.

AMPLIANDO O VOCABULÁRIO

Você encontra no texto algumas palavras destacadas e o significado delas na mesma página. Assim, você amplia seu vocabulário.

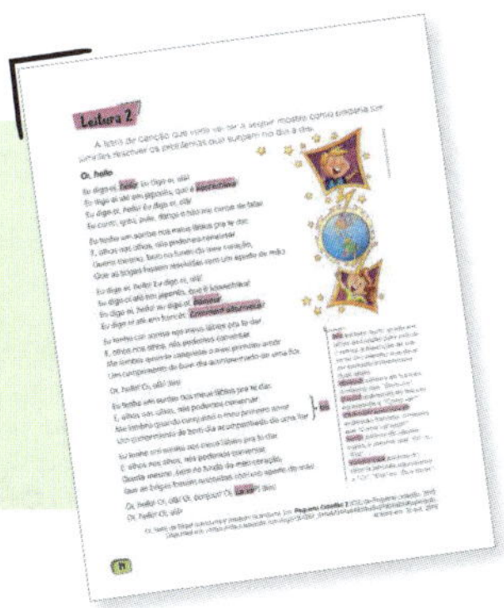

SUGESTÕES PARA O ALUNO

No final do livro, você encontra indicações de livros, *sites*, filmes e CDs para complementar seus estudos.

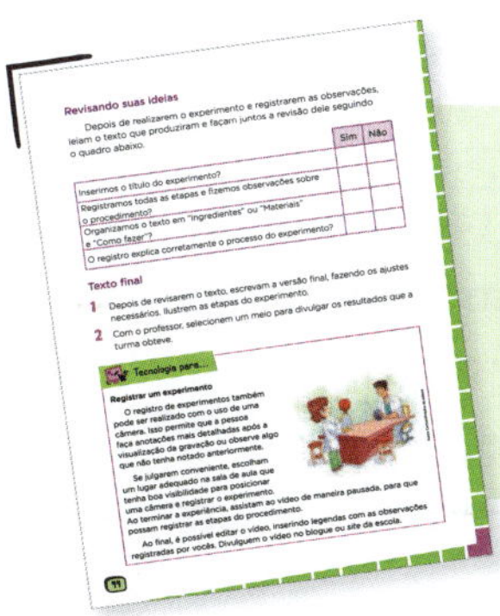

TECNOLOGIA PARA...

Este boxe apresenta atividades, informações e dicas que envolvem o uso da tecnologia.

Quando você encontrar estes ícones, fique atento!

- Atividade em dupla
- Atividade em grupo
- Atividade oral
- Atividade no caderno

SUMÁRIO

Ilustra Cartoon/Arquivo da editora

Ilustra Cartoon/Arquivo da editora

UNIDADE 1

PODEMOS NOS EXPRESSAR!

Entre nesta roda

- O que a cena retrata?
- Você tem o hábito de ouvir música? Lembra-se de alguma de que goste? Que mensagem ela traz?
- Como as pessoas retratadas na cena estão interagindo umas com as outras?

Bruna Assis/Arquivo da editora

Nesta Unidade vamos estudar...

- Letra de canção
- Relato pessoal
- Carta

1 LETRA DE CANÇÃO

Leitura 1

As pessoas costumam ser bastante curiosas, principalmente as crianças, que querem aprender sobre os mais variados assuntos. A seguir, vamos ler uma letra de canção que traz algumas perguntas bem interessantes. Você saberia responder a algumas delas?

Oito anos

Por que você é Flamengo
e meu pai Botafogo?
O que significa
"impávido colosso"?

Por que os ossos doem
enquanto a gente dorme?
Por que os dentes caem?
Por onde os filhos saem?

Por que os dedos murcham
quando estou no banho?
Por que as ruas enchem
quando está chovendo?

Quanto é mil trilhões
vezes infinito
Quem é Jesus Cristo?
Onde estão meus primos?

Well, well, well
Gabriel...

Por que o fogo queima?
Por que a lua é branca?
Por que a Terra roda?
Por que deitar agora?

Por que as cobras matam?
Por que o vidro embaça?
Por que você se pinta?
Por que o tempo passa?

Por que que a gente espirra?
Por que as unhas crescem?
Por que o sangue corre?
Por que que a gente morre?

Do que é feita a nuvem?
Do que é feita a neve?
Como é que se escreve
réveillon?

Well, well, well
Gabriel...

Ilustra Cartoon/Arquivo da editora

well: palavra do inglês, com o sentido de 'bem, bom'; pronuncia-se "/uél/".

Oito anos, de Paula Toller e Dunga. Em: **Adriana Partimpim** (CD), de Adriana Calcanhoto. Sony BMG, 2008. Disponível em: <https://letras.mus.br/paula-toller/211582/>. Acesso em: 10 out. 2019.

Por dentro do texto

1 O texto escrito para ser cantado e acompanhado de uma melodia é:

☐ um poema. ☐ uma letra de canção.

A **letra de canção** é um texto poético com sonoridade e ritmo. Geralmente apresenta rimas e refrão. A melodia que acompanha a letra é produzida com instrumentos musicais. As letras de canção podem transmitir mensagens e tratar dos mais variados temas.

2 De que a letra de canção que você leu trata?

....

....

3 A letra da canção **Oito anos** é composta de várias perguntas. Quem faz as perguntas?

....

4 Leia algumas perguntas da letra da canção.

Por que que a gente espirra?
Por que o sangue corre?
Por que a gente morre?
Como é que se escreve
réveillon?

Ilustra Cartoon/Arquivo da editora

- Onde poderíamos encontrar respostas para essas perguntas?

5 Qual é o significado da palavra *réveillon*?

....

6 Leia as perguntas abaixo, feitas na letra da canção, e numere-as de acordo com o assunto que elas abordam.

☐ Por que os ossos doem / enquanto a gente dorme?	1	Fenômenos da natureza.
☐ Por que você é Flamengo / e meu pai Botafogo?	2	Respeito às diferenças.
☐ Por que o fogo queima / Por que a lua é branca?	3	Corpo humano.
☐ O que significa / "impávido colosso"?	4	Religião.
☐ Quem é Jesus Cristo?	5	Vocabulário.

7 Escreva duas perguntas que você gostaria de fazer e ainda não sabe a resposta.

8 Que parte da letra da canção **Oito anos** se repete? Circule o trecho no texto.

A letra de canção geralmente apresenta um trecho que é repetido várias vezes. Esse trecho é chamado de **refrão**.

9 Os versos da letra de canção apresentam rimas que dão sonoridade e ritmo. Ligue abaixo as palavras que rimam.

Gabriel	passa
caem	morre
embaça	*well*
corre	saem

Ilustra Cartoon/Arquivo da editora

Produção relâmpago ⇉ Brincar de rimar!

1 Releia alguns versos da letra da canção **Oito anos**.

Por que o fogo queima?
Por que a lua é branca?
Por que a Terra roda?
Por que deitar agora?

Por que que a gente espirra?
Por que as unhas crescem?
Por que o sangue corre?
Por que que a gente morre?

2 Sua tarefa é escrever, por meio de versos rimados, a resposta para uma das perguntas acima. Escolha uma pergunta e use as linhas abaixo para escrever a resposta. Não se esqueça das rimas!

Leitura 2

A letra de canção que você vai ler a seguir mostra como poderia ser simples resolver os problemas que surgem no dia a dia.

Ilustra Cartoon/Arquivo da editora

Oi, *hello*

Eu digo oi, ***hello***! Eu digo oi, olá!
Eu digo oi até em japonês, que é ***konnichiwa***!
Eu digo oi, *hello*! Eu digo oi, olá!
Eu canto, grito, pulo, danço e não me canso de falar.

Eu tenho um sorriso nos meus lábios pra te dar.
E, olhos nos olhos, nós podemos conversar.
Queria mesmo, bem no fundo do meu coração,
Que as brigas fossem resolvidas com um aperto de mão.

Eu digo oi, *hello*! Eu digo oi, olá!
Eu digo oi até em japonês, que é *konnichiwa*!
Eu digo oi, *hello*! eu digo oi, **bonjour**!
Eu digo oi até em francês: ***Comment allez-vous?***

Eu tenho um sorriso nos meus lábios pra te dar.
E, olhos nos olhos, nós podemos conversar.
Me lembro quando conquistei o meu primeiro amor
Um cumprimento de bom dia acompanhado de uma flor.

Oi, *hello*! Oi, olá! (bis)

Eu tenho um sorriso nos meus lábios pra te dar.
E, olhos nos olhos, nós podemos conversar.
Me lembro quando conquistei o meu primeiro amor
Um cumprimento de bom dia acompanhado de uma flor. } **bis**

Eu tenho um sorriso nos meus lábios pra te dar.
E, olhos nos olhos, nós podemos conversar.
Queria mesmo, bem no fundo do meu coração,
Que as brigas fossem resolvidas com um aperto de mão.

Oi, *hello*! Oi, olá! Oi, *bonjour*! Oi, ***ça va?***! (bis)
Oi, *hello*! Oi, olá!

bis: palavra muito usada em letras de canção para indicar o refrão, a repetição de um verso (ou estrofe) que deve ser cantado/interpretado duas vezes.
***bonjour*:** palavra do francês, o mesmo que *"Bom dia"*.
***ça va?*:** expressão do francês equivalente a *"Como vai?"*
***comment allez-vous?*:** expressão francesa, o mesmo que *"como vai você?"*.
***hello*:** palavra do idioma inglês, o mesmo que *"Oi"* ou *"Olá"*.
***konnichiwa*:** palavra do idioma japonês equivalente a *"Oi"*, *"Olá"* ou *"Boa tarde"*.

Oi, *hello*, de Edgar Scandurra e Joaquim Scandurra. Em: **Pequeno Cidadão 2** (CD), de Pequeno cidadão, 2012. Disponível em: <https://docs.wixstatic.com/ugd/db1257_341a44394a6442fba8c810b4a26d0a0e.pdf>. Acesso em: 10 out. 2019.

Por dentro do texto

1 Quem são os compositores da letra da canção e quem a interpreta?

2 Qual é o título da letra da canção que lemos?

3 No título e em alguns versos da letra da canção aparecem algumas palavras e expressões que não pertencem ao nosso idioma. Identifique-as e copie-as nas linhas abaixo.

- É possível descobrir na letra da canção o significado de algumas dessas palavras? De que forma?

4 Para quem você acha que essa letra de canção foi feita? Como você chegou a essa conclusão?

5 Em sua opinião, qual é a mensagem transmitida nessa letra de canção?

6 O que você sentiu ao ler e ouvir essa letra de canção? Assinale.

- [ ] paz
- [ ] alegria
- [ ] tristeza
- [ ] amor
- [ ] medo
- [ ] desânimo
- [ ] animação

7 Como já vimos, o **refrão** de uma letra de canção são os versos que se repetem ao longo dela enquanto ela é cantada. Identifique e transcreva pelo menos dois refrões dessa letra de canção.

....

....

....

8 As palavras do 1º verso são usadas geralmente em qual situação?

- [ ] Para terminar uma conversa.
- [ ] Para iniciar uma conversa.

9 A pessoa que fala na canção tem um desejo do fundo do coração. Que desejo é esse?

....

10 Ela também nos fala de uma lembrança. Qual é essa lembrança? O que aconteceu? Como?

....

....

11 Nessa letra de canção, como a pessoa quer conversar com a outra? Justifique sua resposta.

- [ ] Por telefone.
- [ ] Por mensagens.
- [ ] Pessoalmente.
- [ ] Por carta.

....

VOCÊ EM AÇÃO

Letra de canção

Você leu e cantou duas **letras de canção**. Agora, você e um colega vão criar uma letra de canção baseada em perguntas que gostariam de fazer e ainda não sabem a resposta.

Objetivo da produção: criar uma letra de canção para ser apresentada em sala de aula.

Público-alvo: colegas da turma.

Planejando suas ideias

1 Pesquisem na internet ou em encartes de CDs, letras de canção de grupos ou artistas de que gostem para saber mais como são feitas as rimas, as estrofes, os refrões.

2 Depois, vocês vão escrever uma letra de canção com base na letra **Oito anos**. Para isso, sigam as orientações.

- Escrevam no espaço abaixo algumas perguntas que vocês gostariam de fazer. Podem ser sobre qualquer assunto: fenômenos da natureza, meio ambiente, comportamento de pessoas ou animais, mudanças no corpo humano, informações sobre a própria família, etc.

- Criem um refrão, ou seja, os versos que vão se repetir durante toda a canção. Usem a mesma melodia da canção **Oito anos**.

Rascunho

1 Na lista de perguntas que vocês fizeram, escolham aquelas que:

- não sejam muito longas;
- tenham sons repetidos, rimem.

2 Não se esqueçam de escrever o refrão entre algumas estrofes. A letra de canção de vocês deve ter aproximadamente dez versos contando com o refrão.

3 Ao final, deem um título à canção.

Revisando suas ideias

Troquem o texto com o de outra dupla para que avaliem a escrita da letra de canção que vocês produziram. Vocês vão avaliar a produção dos colegas seguindo o roteiro abaixo.

	Sim	Não
A letra de canção foi escrita em versos?		
A letra tem um refrão?		
Apresenta perguntas?		
Há rimas e repetições de sons?		
A letra de canção tem título?		

Quando receberem o texto de volta, peçam ajuda ao professor caso tenham dúvidas.

Texto final

1 Agora que a letra de canção de vocês já foi produzida, revisada e avaliada, escrevam a versão final em uma folha à parte.

2 Se quiserem, ilustrem o texto com desenhos. Não se esqueçam de assinar o trabalho que fizeram.

3 Para que todos possam ler ou ouvir a canção de todas as duplas, o professor vai organizar uma apresentação. Antes, ensaiem a canção!

2 RELATO PESSOAL

Leitura 1

Você já fez ou escreveu um relato pessoal sobre alguma experiência importante de sua vida? Leia este relato pessoal que um menino de 8 anos escreveu para o suplemento infantil Folhinha, do jornal **Folha de S.Paulo**.

Um vascaíno em São Paulo

POR JIBRAN CORUMINAS HSIEH – 19/9/2015 2:00

Meu pai nasceu em Brasília e torce para o Vasco. Eu nasci aqui em São Paulo, mas desde pequeno também sou vascaíno.

Quando tinha 5 anos, fui internado no hospital. Tinha que colocar um cateter na veia para tomar remédio, mas não queria deixar, porque estava com aflição daquela agulha.

Então, meu pai prometeu que eu poderia conhecer os jogadores do Vasco se deixasse o médico colocar o tubo no meu braço.

Quando saí do hospital, fui com ele, minha mãe e meus irmãos para Atibaia para ver um treino do time.

Foi muito legal! Eu tirei fotos e joguei bola com todos os jogadores. E um repórter que estava lá também me entrevistou para a TV.

O problema de ser vascaíno aqui em São Paulo é que ninguém da minha sala torce para o Vasco. Todos os vascaínos que conheço são de outras cidades, como o meu primo de Brasília. O bom é que quando tem jogo aqui consigo entrar no campo com os jogadores.

Eu também gosto do Grêmio, do Brasil e do **PSG**. Quando crescer, quero jogar em um desses times.

PSG: Sigla para o nome do time de futebol europeu Paris Saint-Germain.

Jibran Coruminas Hsieh, 8, colunista da Folhinha. Disponível em: <https://www1.folha.uol.com.br/colunas/ideias/2015/09/1683389-um-vascaino-em-sao-paulo.shtml>. Acesso em: 13 out. 2019.

Por dentro do texto

1 Releia o trecho inicial do relato de Jibran.

> Meu pai nasceu em Brasília e torce para o Vasco. Eu nasci aqui em São Paulo, mas desde pequeno também sou vascaíno.

a) Com relação a "torcer por um time de futebol", o que é esperado de quem nasce em São Paulo?

....

b) O menino quebrou essa expectativa. O que motivou essa quebra?

....

....

> **Relato pessoal** é um texto oral ou escrito no qual são relatados fatos, experiências vividas pela pessoa que está contando. Nele, a pessoa relata suas vivências, descreve lugares, expressa sentimentos, lembranças, etc.

2 Em um relato os fatos são narrados em determinada sequência. Numere os fatos a seguir na ordem em que aconteceram.

- [ ] O pai o levou para assistir a um treino do Vasco.
- [ ] O pai prometeu levá-lo para conhecer os jogadores do Vasco se aceitasse ser medicado.
- [ ] O garoto tirou fotos, jogou bola com o time do Vasco e foi entrevistado por uma equipe de televisão.
- [ ] O menino ficou doente e não queria deixar colocar um tubo na sua veia.

3 Quais são os pontos negativos e os pontos positivos, apontados pelo menino, de ser vascaíno em São Paulo?

4 O menino relata um projeto para o futuro. Qual é esse projeto?

....

....

5 Releia.

Quando tinha 5 anos, fui internado no hospital. Tinha que colocar um cateter na veia para tomar remédio, mas não queria deixar, porque estava com aflição daquela agulha.

Esse fato aconteceu:

☐ no momento do relato. ☐ antes do relato.

6 Nos trechos em que relata fatos que já aconteceram, o menino emprega os verbos no passado. Nos trechos em que faz comentários, emprega os verbos no tempo presente. Releia os trechos a seguir e observe os verbos destacados.

I. Todos os vascaínos que **conheço** **são** de outras cidades, como o meu primo de Brasília.

II. Quando **tinha** 5 anos, **fui** internado no hospital.

- Em qual trecho são relatados fatos do passado? Em qual trecho o menino faz comentários?

....

....

7 O relato foi publicado na **Folhinha**, que é dirigida ao público infantil. O menino empregou linguagem adequada a esse público? Explique.

8 Das lembranças e fatos relatados pelo garoto, qual você considera ser mais importante para ele?

☐ Ser vascaíno e morar em São Paulo. ☐ Seu medo de agulhas.

☐ Sua vontade de ser jogador do PSG.

Produção relâmpago

Meu esporte, meu time preferido

1 No espaço a seguir, registre sua experiência como esportista ou torcedor de um clube esportivo. Mesmo que você não tenha um, invente, imagine. Siga as instruções.

- **Meu esporte preferido é:** ....
- **O nome do meu clube preferido é:** ....

Desenho do escudo ou o símbolo do time.

2 Relate, nas linhas a seguir, como foi o dia em que você torceu pelo seu clube/time pela primeira vez. Depois, leia o texto para um colega e ouça o relato dele. Conversem sobre as experiências de cada um.

....

....

....

....

....

Leitura 2

Como será que desenhistas e escritores criam seus personagens e histórias? Leia a seguir o relato de Mauricio de Sousa, criador da Turma da Mônica, no qual ele conta como surgiu a inspiração para criar um de seus personagens, o Bidu.

https://anda.jusbrasil.com.br/noticias/100466107/mauricio-de-sousa-fala-sobre-a-criacao-do-personagem-bidu?ref=amp

Mauricio de Sousa fala sobre a criação do personagem "Bidu"

0 0 COMENTAR | 0 SALVAR

Quando eu era criança, tive um cãozinho... que não morava comigo. Morava na casa da minha vó.

Tiago Queiroz/Agência Estado

Mauricio de Sousa com o personagem Bidu.

Eu morava em casa pequena, vivia mudando de cidade por causa do trabalho do meu pai. Não dava pra ter um cachorro, cuidar dele como devia. Por isso adotei o Cuíca, o cachorrinho de pelo espetado e quase branco... da minha vó.

Isso me dava trabalho e prazer. Trabalho porque sempre queria estar na casa da minha avó pra brincar e sair por aí com o Cuíca. Prazer pelo mesmo motivo. E nas férias escolares, eu curtia longos períodos com o "meu" cachorro.

A casa da vó era o meu destino nesses períodos. E como todo cachorro, Cuíca era de uma **devoção** só. Se eu parava, ficava quieto ao meu lado. Se eu ia para o almoço, ele me acompanhava.

A vó preparava a comida dele. Ainda não se falava em rações para cachorros. E a comida que minha avó preparava era tão saborosa que, antes de servir ao Cuíca, ela experimentava boas colheradas. E eu também. Depois era a hora das grandes aventuras pelos campos, pelos morros mais próximos da casa da minha vó. Eu saía com o Cuíca armado com um bastão de madeira muito dura, resistente, que meu avô preparara para mim. Dizia que era para eu me defender de cobras, escorpiões e outros bichos nas minhas andanças.

O tempo passou. Cresci, fui ficando cada vez mais distante da infância.

Mas quando dava, eu voltava pra ver meus avós... e o Cuíca. Cada vez mais velhinho. Até que um dia cheguei e já não o encontrei mais. Entendi que seu tempo tinha se cumprido. E dediquei a ele algumas lágrimas de tristeza e saudade.

Quando criei meu primeiro personagem, o Bidu, revivi o Cuíca. Com um nome mais adequado para quadrinhos: e muitas das situações que criei nas historinhas dos primeiros tempos eram homenagem e lembrança dos meus tempos com aquele vira-lata inesquecível.

E como todos os cães são fiéis, resolvi devolver fidelidade marcando sua presença para sempre... como símbolo e logotipo da minha empresa, a Mauricio de Sousa Produções. A carinha do Cuíca/Bidu me acompanha em TODAS as revistas que lançamos. Milhões delas. Ele continua vivo.

Mauricio de Sousa fala sobre a criação do personagem Bidu. **JusBrasil**. Disponível em: <https://anda.jusbrasil.com.br/noticias/100466107/mauricio-de-sousa-fala-sobre-a-criacao-do-personagem-bidu?ref=amp>. Acesso em: 14 out. 2019.

devoção: fidelidade, companheirismo, amizade.
logotipo: marca de uma empresa; desenho (às vezes, combinando letras e imagens) pelo qual uma empresa se torna conhecida ou faz sua propaganda.

Quem é?

Evelson De Freitas/Agência Estado

Mauricio de Sousa nasceu na cidade de Santa Isabel (SP), em 1935. Em 1959, criou uma série de tiras em quadrinhos, cujos personagens principais eram o cachorrinho Bidu e seu dono, o Franjinha. Nos anos seguintes, Mauricio criou outras tiras — Cebolinha, Piteco, Chico Bento, Penadinho — e publicações de Horácio, Raposão e Astronauta. Em 1970, lançou a revista da Mônica, personagem inspirada em uma de suas filhas. Depois vieram as revistas de Cebolinha, Chico Bento, Cascão, Magali, Pelezinho, entre outras.

Por dentro do texto

1 Quem faz o relato? Você já tinha ouvido falar sobre ele? Como?

2 Que período da vida de Mauricio de Sousa foi destacado no relato?

3 Na vida adulta, como Mauricio de Sousa demonstrou seu amor por Cuíca?

4 Releia este trecho do texto.

> A carinha do Cuíca/Bidu me acompanha em TODAS as revistas que lançamos. Milhões delas. Ele continua vivo.

a) Por que a palavra TODAS foi grafada com letras maiúsculas?

b) Por que Mauricio afirma que Cuíca continua vivo?

5 Releia os seguintes trechos do texto:

> Por isso adotei o Cuíca, o cachorrinho de pelo espetado e quase branco... da minha vó.
>
> Mas quando dava, eu voltava pra ver meus avós... e o Cuíca.

- Converse com o professor e os colegas sobre o uso do sinal de reticências nesses trechos.

VOCÊ EM AÇÃO

Relato pessoal

Agora você vai escrever um **relato pessoal** sobre uma experiência marcante em sua vida.

Seu relato será direcionado para outras crianças da escola.

Objetivo da produção: redigir um relato pessoal para organizar um mural ou publicar em um jornal, blogue da turma, etc.

Público-alvo: colegas da sala e da escola.

Planejando suas ideias

Antes de começar, será preciso organizar as ideias. Escolha um fato marcante em sua vida. Pode ser uma viagem, o primeiro dia de aula, o dia em que ganhou algo de que gostou muito, etc. No espaço a seguir, faça uma lista com o que lembrar a respeito do fato que tiver escolhido.

....

....

....

....

....

Rascunho

1 Para produzir seu relato pessoal, organize as informações que você listou, colocando-as na ordem dos acontecimentos. Escreva a narrativa acrescentando informações e comentários interessantes para que o leitor compreenda a experiência que você viveu.

2 Use expressões e palavras que indiquem que esses fatos já aconteceram.

Revisando suas ideias

Troque seu relato pessoal com o de um colega para que ele avalie os seguintes aspectos:

	Sim	Não
É possível compreender o fato/a experiência que está sendo relatado?		
O texto apresenta descrições dos lugares e das pessoas?		
A pessoa revelou suas emoções, seus sentimentos e suas opiniões diante dos fatos?		
As palavras e expressões usadas deixam claro que os fatos aconteceram no passado?		
As palavras foram escritas corretamente? E os sinais de pontuação?		

Texto final

1 Em uma folha à parte, reescreva a versão final do seu relato seguindo as observações do colega e as orientações do professor.

2 Se quiser, dê um título e ilustre o texto com fotos, colagens ou desenhos que tenham relação com o relato.

3 Depois, você e os colegas vão escolher, de comum acordo com o professor, em que locais vão divulgar ou publicar os relatos pessoais produzidos pela turma. Vocês podem:

- fazer um mural no corredor da escola ou em outro local bem visível que o professor escolher;
- publicar no jornal da escola, no jornal da cidade, no blogue da turma ou da escola.

Ilustra Cartoon/Arquivo da editora

3 CARTA

Leitura 1

Você já recebeu ou enviou alguma carta? Como faz quando quer enviar uma mensagem a alguém? O texto que você vai ler é um trecho do livro **A revolta dos gizes de cera**, no qual um menino chamado Diego recebe algumas cartas de destinatários inesperados. Leia uma delas a seguir.

Oi, Diego,

Sou eu, o Giz de cera VERMELHO. A gente precisa conversar.
Sabe o que é? Você me faz trabalhar muito mais do que os outros gizes de cera.
Passo o ano inteiro me desgastando, colorindo CARROS DE BOMBEIRO, maçãs, morangos e TODAS as outras coisas que são VERMELHAS!
Trabalho até nos feriados!
No Natal, tenho de colorir uma porção de PAPAIS NOÉIS e, no Dia dos Namorados, TODOS os coraçõezinhos! Assim não dá!

PRECISO DESCANSAR!!!
Seu amigo que trabalha demais,

Giz de cera VERMELHO

A revolta dos gizes de cera, de Drew Daywalt. São Paulo: Salamandra, 2015.

Por dentro do texto

1 No início da carta, o remetente utiliza uma expressão para cumprimentar seu destinatário. Qual é ela?

....

2 Entre esse cumprimento e o nome do destinatário há um sinal de pontuação. Que sinal é esse?

....

3 O giz de cera escreveu uma carta para conversar sobre:

- [ ] os outros gizes de cera.
- [ ] o tratamento que recebe de Diego.

4 Quais são as reclamações do giz de cera vermelho?

....

....

A **carta** é um texto que utilizamos para nos comunicarmos com alguém que está longe. A pessoa que manda a carta é o remetente, e a pessoa que a recebe é o destinatário. Uma carta geralmente tem as seguintes partes: local e data; saudação; mensagem; despedida e assinatura.

5 Releia este trecho:

Passo o ano inteiro me desgastando, colorindo CARROS DE BOMBEIRO.

- Por que a expressão CARROS DE BOMBEIRO foi escrita com letras maiúsculas?

6 No trecho "Trabalho até nos feriados!", como o giz vermelho está se sentindo?

7 Que frase o remetente utilizou na carta para se despedir?

....

Produção relâmpago → Torpedo do giz de cera vermelho para Diego

Um torpedo ou mensagem instantânea é uma mensagem curta enviada por meio de um aparelho celular, um computador ou um *tablet*. Agora, imagine que o giz de cera vermelho, em vez de enviar uma carta, enviou um torpedo para Diego. Como seria essa mensagem?

Reúna-se com um colega e imagine a mensagem que o giz de cera vermelho escreveu para Diego. Mas, atenção, o assunto da mensagem deve ser o mesmo da carta lida na Leitura 1. Use o espaço na tela do celular para escrever a mensagem.

whystock/Shutterstock

- Compartilhem o texto com os colegas e comparem suas produções.

Leitura 2

A carta que você vai ler foi retirada do livro **Felpo Filva**, escrito por Eva Furnari. Esse livro conta a história de um coelho escritor, chamado Felpo, que um dia recebeu uma carta de uma leitora, Charlô, que não concordava muito com o final de um de seus poemas. Será que Charlô tem razão?

Rapidópolis, 20 de fevereiro

Prezado senhor Felpo Filva,

Meu nome é Charlô e admiro demais o seu talento e os seus poemas, mas, se me permite, tem algunzinhos deles que eu não gosto nem um pouco. Sinceramente, eu discordei da história do poema da Princesa do avesso! Cruz-credo, que final pavoroso! Veja só:

Princesa do avesso
não mora na torre.
O fundo do poço
é o seu casarão.

Não joga suas tranças,
espera uma corda
de um príncipe jovem,
formoso e bobão.

Chegado o momento,
a moça do avesso
o traz para baixo
com um leve puxão.

No fundo do poço,
com frio e com fome,
os dois infelizes
pra sempre serão.

bioraven/Shutterstock

Desculpe, senhor poeta, mas essa história é muito pessimista! Odiei esse final triste e dramático. Veja, eu fiz a continuação e mudei o destino dos pobres coitados.

Um dia, porém,
a história mudou.
Ninguém sabe como,
nem qual a razão.

Do fundo do poço,
saíram cansados
de tanta tristeza
de tanta prisão.

Pegaram suas tralhas,
suas coisas, seus filhos.
Saíram voando
num baita avião.

Não foram pra torre.
Não foram pra Lua.
Ficaram na Terra,
com seus pés no chão.

Compraram uma casa
numa linda praia.
Viveram pra sempre
de short ou calção.

O senhor gostou? Com certeza eles serão mais felizes assim, não?

Espero que o senhor não se ofenda com isso.

Um abraço cordial

Charlô Paspartu

Felpo Filva, de Eva Furnari. São Paulo: Moderna, 2012.

Por dentro do texto

1 Releia a saudação da carta:

> **Prezado senhor** Felpo Filva,

- A expressão em destaque indica que a leitora

☐ tem proximidade com o destinatário. ☐ não tem proximidade com o destinatário.

2 Por que Charlô escreveu a carta?

....

....

3 Charlô diz que o final do poema "é pavoroso". Você concorda? Por quê?

4 Releia o seguinte trecho do poema citado na carta:

> Não joga suas tranças,
> espera uma corda
> de um príncipe jovem,
> formoso e bobão.

- Com base nesse trecho, é possível estabelecer semelhança com alguma princesa conhecida dos contos de fadas? Qual?

5 Releia:

> Desculpe, senhor poeta, mas essa história é muito **pessimista**! Odiei esse final triste e dramático.

- Agora, converse com os colegas e o professor sobre o motivo de Charlô achar a história pessimista.

6 Como a remetente finaliza a carta?

....

Carta

Depois de ler duas cartas, chegou a hora de colocar seus conhecimentos em prática!

Objetivo da produção: redigir uma carta comentando uma leitura que tenha feito.

Público-alvo: o(a) escritor(a) do texto lido.

Planejando suas ideias

Você vai escrever uma carta para o escritor ou a escritora de um livro ou texto que tenha lido e sobre o qual queira fazer comentários. Para isso siga os passos abaixo. Anote as informações no caderno para facilitar a sua escrita.

- Escolha um livro ou texto (pode ser um poema, uma história em quadrinhos, etc.) e verifique quem é o autor.
- Por que você escolheu esse livro/texto? Qual é a sua opinião sobre ele?
- O que mais você gostaria de dizer ao autor do livro/texto escolhido? Que perguntas faria a ele? Que aspectos do livro/texto lido gostaria de mencionar em sua carta? Gostaria de fazer algum pedido ou sugestão?

Rascunho

1 Com as informações que você anotou, escreva a sua carta. Atenção às seguintes partes de seu texto:

- Localização e data
- Saudação
- Mensagem
- Despedida

2 Faça comentários sobre o livro/texto que leu, expondo ao autor a sua opinião. Seja respeitoso e use formas de tratamento adequadas para se referir a seu destinatário.

Revisando suas ideias

Depois de escrever a primeira versão de sua carta, é hora de revisá-la. Avalie-a seguindo o quadro abaixo:

	Sim	Não
Inseri o local, a data e a saudação?		
Dei minha opinião sobre o livro/texto lido de modo respeitoso?		
Escrevi as palavras corretamente e usei sinais de pontuação?		
Fiz a despedida e assinei a carta?		

Texto final

1 Após a revisão da carta, reescreva-a em uma folha à parte, fazendo as correções necessárias. Capriche na letra. Se quiser, ilustre-a com pequenos desenhos e figurinhas.

2 Para enviar a carta, será preciso colocá-la em um envelope e preenchê-lo na frente e no verso. Para isso, você precisará do seu endereço e do endereço do autor ou da editora do livro. Veja abaixo um modelo de envelope:

Reprodução/Arquivo da editora

3 Depois de preenchido o envelope, peça a ajuda de um adulto para postar a carta nos Correios.

UNIDADE 2

APRENDER É SEMPRE BOM!

Entre nesta roda

- Em que lugar as crianças estão? Como você conseguiu identificá-lo?
- O que as crianças estão fazendo?
- Qual é a função do adulto que acompanha as crianças?
- Em sua opinião, atividades como as que as crianças estão desenvolvendo são importantes? Por quê?

Nesta Unidade vamos estudar...

- Texto instrucional
- Entrevista
- Infográfico

Bruna Assis/Arquivo da editora

4 TEXTO INSTRUCIONAL

Leitura 1

Você se considera uma criança curiosa? Gosta de entender como as coisas funcionam? Já realizou algum experimento? Leia o texto a seguir e descubra como fazer as cores sumirem!

Faça cores desaparecerem

Ingredientes

Papel sulfite, lápis, tesoura, régua, canetinhas coloridas, cola e barbante

1. Desenhe um círculo de cerca de 15 centímetros de diâmetro no papel e recorte-o. Use a régua e o lápis para dividi-lo em seis pedaços iguais. Pinte cada uma das "fatias" com cores semelhantes às do arco-íris.

2. Em seguida, recorte um círculo de papelão do mesmo tamanho e cole-o ao sulfite pintado de arco-íris. Agora faça dois furos próximos ao centro do círculo.

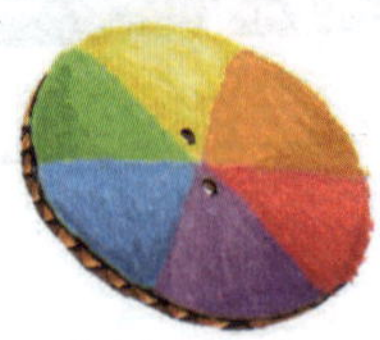

Rafaela Carvalho/Adams Carvalho/Abril Comunicações S.A.

3. Corte um fio de barbante de 90 cm e atravesse cada ponta dele em um dos furos. Amarre as pontas. Segure as duas alças que se formaram e gire o disco de modo a torcer o barbante dos dois lados. E depois puxe as alças para longe do disco. O disco vai girar bem rápido e as cores vão desaparecer.

O que está acontecendo?

Você acaba de montar um disco de Newton, feito para demonstrar que a cor branca é, na verdade, a soma de todas as cores do **espectro luminoso**. É por isso que, quando as cores se sobrepõem rapidamente, nossos olhos enxergam um grande círculo de cor branca.

espectro luminoso: faixa de cores visíveis a olho nu pelos seres humanos.

6 experimentos para ensinar ciência às crianças, de Rafaela Carvalho. **Superinteressante**. 5 jan. 2018. Disponível em: <https://super.abril.com.br/ideias/6-experimentos-para-ensinar-ciencia-as-criancas/>. Acesso em: 20 out. 2019.

Por dentro do texto

1 Na sua opinião, para quem este texto foi produzido?

....

....

2 Quais são os ingredientes necessários para o experimento? Em quantas etapas o texto está organizado?

....

....

O **texto instrucional** apresenta informações e orientações de como fazer ou realizar algo. O texto que você leu traz instruções para realizar um **experimento científico**. No texto, são descritos os materiais necessários e as orientações sobre como realizar o procedimento.

3 Em sua opinião, as ilustrações que acompanham o texto ajudam a entendê-lo melhor? Por quê?

4 Sublinhe no texto as palavras do quadro a seguir:

desenhe	**use**	**pinte**	**recorte**	**cole**
faça	**corte**	**atravesse**	**amarre**	

a) Qual é a função dessas palavras?

....

b) Há outras palavras no texto com a mesma função? Sublinhe-as.

Saiba mais

O inglês Isaac Newton (1643-1727) foi físico, matemático e astrônomo, e suas pesquisas e descobertas revolucionaram a ciência.

Georgios Kollidas/Shutterstock

Leitura 2

Sabia que você também pode ser um pequeno cientista? Realizar experimentos pode ser uma forma divertida de aprender coisas novas, explicar processos e fenômenos e, sim, fazer ciência! Leia o texto a seguir e aprenda como fazer um vulcão.

Brincando de ciência: como fazer um vulcão em casa

[...]

Para fazer um vulcão em casa você vai precisar de:

- 1 bacia para montar o vulcão;
- 1 garrafa de plástico pequena;
- 1 xícara de chá de bicarbonato de sódio;
- 1 xícara de chá de vinagre;
- 1 xícara de chá de detergente líquido;
- corante alimentício ou anilina em pó vermelha;
- papel pedra ou marrom para imitar as paredes do vulcão.

Ilustrações: Ilustra Cartoon/Arquivo da editora

Para começar, cole a garrafa no fundo da bacia com fita adesiva larga. Deixe bem firme. Depois, amasse o papel pedra ou marrom, desamasse e envolva a garrafa, fazendo o formato de uma montanha.

Aproveite para pedir ajuda das crianças para incrementar o cenário com folhas, pedras e animais de brinquedo.

Em seguida, despeje o bicarbonato de sódio. Se precisar, use um funil. Por fim, misture o detergente, corante e o vinagre.

Então, prepare-se! Despeje a mistura de vinagre na garrafa. Imediatamente a "lava" científica começará a sair do vulcão em erupção. [...]

Brincando de ciência: como fazer um vulcão em casa. **Lunetas**. 18 maio 2018. Disponível em: <https://lunetas.com.br/como-fazer-um-vulcao-de-verdade-em-casa/>. Acesso em: 20 out. 2019.

Por dentro do texto

1 Releia o trecho abaixo e responda: Para quem o texto foi produzido?

Aproveite para pedir ajuda das crianças para incrementar o cenário com folhas, pedras e animais de brinquedo.

....

....

2 Liste o material necessário para realizar o experimento.

3 Qual foi a unidade de medida usada para indicar a quantidade de bicarbonato, vinagre e detergente líquido?

....

4 Por que a garrafa de plástico deve ser colada no fundo da bacia?

....

5 Releia o trecho abaixo:

> **Em seguida**, despeje o bicarbonato de sódio. Se precisar, use um funil.

a) Sublinhe o trecho que indica uma sugestão.

b) Por que essa sugestão foi dada?

....

c) Marque a palavra que pode substituir a expressão em destaque.

☐ Depois. ☐ Antes. ☐ De repente.

6 Sublinhe no texto as palavras que têm a função de indicar as ações que devem ser realizadas.

7 Você achou o experimento difícil? Por quê? Converse com os colegas e o professor sobre suas impressões.

Produção relâmpago

Pesquisa de experimentos

Faça uma pesquisa em *sites*, livros ou revistas sobre roteiros de experimentos científicos para crianças. Selecione um deles e transcreva-o no espaço a seguir. Se possível, ilustre-o.

Título do experimento:

....

Ingredientes necessários:

....

....

....

....

....

Como fazer:

....

....

....

....

....

....

....

....

....

....

Registro de experimento

Depois de ler dois textos instrucionais que ensinam a fazer experimentos científicos, chegou a hora de realizar uma experiência e registrar suas observações durante o processo.

Objetivo da produção: realizar um experimento científico e produzir um registro de experimento.

Público-alvo: colegas da turma e familiares.

Planejando suas ideias

Na seção **Produção relâmpago**, você e sua turma fizeram uma pesquisa sobre experimentos científicos. Juntos vocês vão escolher um deles, realizá-lo e registrar todas as etapas envolvidas. Sigam as orientações do professor e estejam atentos aos seguintes passos:

- Anotem o nome do experimento que vão realizar.
- Separem os materiais necessários para o experimento.
- Leiam com atenção as etapas do experimento e, caso não tenham entendido alguma, peçam auxílio ao professor.

Rascunho

Façam o rascunho do registro durante a realização do experimento. Em uma folha à parte ou no caderno anotem tudo o que forem fazendo e observando. A cada etapa ou ingrediente manuseado, registrem o que ocorre.

Revisando suas ideias

Depois de realizarem o experimento e registrarem as observações, leiam o texto que produziram e façam juntos a revisão dele seguindo o quadro abaixo.

	Sim	Não
Inserimos o título do experimento?		
Registramos todas as etapas e fizemos observações sobre o procedimento?		
Organizamos o texto em "Ingredientes" ou "Materiais" e "Como fazer"?		
O registro explica corretamente o processo do experimento?		

Texto final

1 Depois de revisarem o texto, escrevam a versão final, fazendo os ajustes necessários. Ilustrem as etapas do experimento.

2 Com o professor, selecionem um meio para divulgar os resultados que a turma obteve.

Tecnologia para...

Registrar um experimento

O registro de experimentos também pode ser realizado com o uso de uma câmera. Isso permite que a pessoa faça anotações mais detalhadas após a visualização da gravação ou observe algo que não tenha notado anteriormente.

Ilustra Cartoon/Arquivo da editora

Se julgarem conveniente, escolham um lugar adequado na sala de aula que tenha boa visibilidade para posicionar uma câmera e registrar o experimento. Ao terminar a experiência, assistam ao vídeo de maneira pausada, para que possam registrar as etapas do procedimento.

Ao final, é possível editar o vídeo, inserindo legendas com as observações registradas por vocês. Divulguem o vídeo no blogue ou *site* da escola.

5 ENTREVISTA

Leitura 1

Você já leu uma entrevista? Quem era o entrevistado? Na entrevista que você vai ler agora, conhecerá Nalu, uma menina que aprende muito de uma forma bem divertida: viajando!

https://www1.folha.uol.com.br/folhinha/2014/11/1541299-aos-sete-anos-de-idade-garota-da-a-volta-ao-mundo-em-nalu-pelo-mundo.shtml

Leia entrevista com Nalu, 7, que dá volta ao mundo em série de TV

DE SÃO PAULO BRUNO MOLINERO 01/11/2014 00h01

Aos sete anos, a garota Isabelle Nalu já viajou mais que muita gente grande. Desde que mal sabia falar, ela acompanha a mãe e o pai em viagens ao redor do mundo em busca das melhores ondas do planeta.

[...]

@nalupelomundo/Acervo da família

Isabelle Nalu, da série "Nalu pelo Mundo", em carrossel na França.

As andanças da família, que saiu do Brasil para percorrer mais de 20 países, viraram a série "Nalu Pelo Mundo". [...]

A mãe da menina é a cinegrafista Fabiana Nigol, e o pai, o surfista Everaldo Pato. Com tanta viagem, ela precisa sempre mudar de escola. Quando fica por mais tempo em algum país, vai a colégios que têm ensino norte-americano. Na estrada, estuda com a mãe. "Mas é apertado fazer lição no carro", reclamou.

[...]

Leia abaixo entrevista com a garota.

Folhinha – O que mais gostou nas viagens que fez para a próxima temporada de 'Nalu Pelo Mundo'?

Isabelle Nalu – O safári que fiz na África. Nem sabia o que era, pensava que era uma loja. Mas é um passeio em que você pega um jipe e vê vários animais.

De quais bichos mais gostou?

Do rinoceronte, hipopótamo e girafa. E do leão, que é bem grande, bem maior do que eu imaginava.

Não teve medo de nenhum?

Da cobra. Porque tenho medo de cobra e porque falaram que era a mais venenosa da África.

Você também foi para a França. Gostou do país?

Fui a Paris porque queria conhecer a Torre Eiffel. Mas senti falta do mar, fui logo para a praia.

Quer ser surfista quando crescer? Igual a seu pai?

Quero ser surfista, cozinheira e pintora.

Com tanta viagem, como é sua vida na escola?

Gosto da escola. O problema é que às vezes volto para a aula, depois de uma viagem, e meus amigos sabem mais do que eu. Aí tenho um pouco de dificuldade e preciso estudar mais.

Mas você estuda quando está viajando também?

Estudo com a minha mãe. Mas é apertado estudar no carro.

E qual é a melhor parte de viajar tanto?

Amo conhecer lugares diferentes, culturas diferentes da do Brasil. Na China, por exemplo, tinha escorpião e barata para comer.

Você comeu? Era gostoso?

Não tive coragem. Comi só sorvete.

Qual seu lugar favorito no mundo?

A Califórnia e o Havaí, por causa do clima e do sol. E agora a África.

Leia entrevista com Nalu, 7, que dá volta ao mundo em série de TV, de Bruno Molinero. **Folha de S.Paulo**, Folhinha. 1 nov. 2014. Disponível em: <https://www1.folha.uol.com.br/folhinha/2014/11/1541299-aos-sete-anos-de-idade-garota-da-a-volta-ao-mundo-em-nalu-pelo-mundo.shtml>. Acesso em: 22 set. 2019.

Por dentro do texto

1 O texto é dividido em duas partes. Uma apresentação inicial, com informações gerais sobre o entrevistado e o assunto da entrevista, e outra com as perguntas feitas pelo entrevistador e as respostas do entrevistado.

a) Como a entrevistada se chama?

....

b) Além do nome, quais outras informações importantes são dadas a respeito da entrevistada?

....

2 Que dificuldades a menina enfrenta para estudar?

....

....

A **entrevista** é um texto oral ou escrito que apresenta perguntas do entrevistador e respostas do entrevistado. Ela traz, geralmente, uma apresentação do entrevistado e do assunto que será tratado na entrevista.

3 O que a menina pensava que era um safári?

....

4 Além da África, que outros lugares a menina conheceu que foram mencionados na entrevista?

5 Por que a Califórnia e o Havaí são os lugares favoritos de Nalu?

....

6 Que sinal de pontuação é utilizado nas perguntas do entrevistador?

....

Produção relâmpago

Elaboração de perguntas

No espaço a seguir, registre o nome de uma pessoa famosa ou personagem conhecida, o que ela já fez (ou faz) que a tornou famosa ou conhecida, sua profissão e as perguntas que você gostaria de fazer a ela.

Nome da pessoa famosa ou personagem conhecida:

O que ela já fez (ou faz) que a tornou famosa/conhecida:

Perguntas que você gostaria de fazer a ela:

Leitura 2

O que você sabe sobre a Antártica? O que gostaria de perguntar para quem conheceu esse continente de perto? A seguir, você vai ler uma entrevista feita por jovens leitores para uma exploradora desse lugar especial.

https://jornaljoca.com.br/portal/a-antartica-e-um-local-destinado-a-ciencia-e-paz

"A Antártica é um local destinado à ciência e paz"

[...]

Os leitores Ana Laura, Daniel, Júlia e Marina, de 9 anos, de Belo Horizonte (MG), entrevistaram a professora e pesquisadora Claudinéia Lizieri para a seção Repórter Mirim da **Edição 114 do Jornal Joca**.

A Antártica não tem dono nem governo, pelo menos não da forma como conhecemos. No extremo sul da Terra, o continente tem essas e outras características únicas. Durante seis meses faz sol o tempo todo e, na outra metade do ano, só há escuridão. Lá não há casas, muito menos internet. O mar é tão gelado que, se você cair nele, tem apenas 90 segundos para escapar! Nunca foram encontrados vestígios de vida humana que habitaram o lugar, mas ele é fundamental para os cientistas porque contém fósseis que ajudam a contar a história do planeta. Além disso, ali os estudiosos observam a mudança no clima da Terra.

Interessados no assunto, os repórteres Ana Laura, Daniel, Júlia e Marina, de Belo Horizonte, entrevistaram a professora e pesquisadora Claudinéia Lizieri, que já esteve três vezes no continente gelado. [...] Atualmente, é professora do Centro Universitário de Belo Horizonte e membro da Associação de Cientistas Polares em Início de Carreira. O bate-papo aconteceu na casa da Ana Laura.

Qual é o nome correto: Antártida ou Antártica?

Os dois termos são corretos, sendo Antártida o nome mais antigo. Com o passar do tempo, achou-se mais apropriado dizer Antártica, que significa polo oposto. Isso porque nós temos o Ártico, no polo norte, e a Antártica, no polo sul.

Como a Antártica foi descoberta?

Essa é uma história muito bonita, longa e de aventura! Imagine como pessoas chegaram à Antártica sem GPS e toda a tecnologia que temos hoje? Exploradores que desbravavam os mares para caçar baleias desconfiaram que havia terra no polo sul, por causa de icebergs soltos. Em 1911, o norueguês Roald Amundsen foi o primeiro a chegar lá.

[...]

Quem pode ir para a Antártica?

É possível ir como pesquisador ou turista. A maioria dos cientistas, de todo o mundo, vai por meio de programas de seu país. No Brasil, o transporte é feito por um avião da Força Aérea Brasileira chamado Hércules ou em navio da Marinha. Turistas vão por meio de agências turísticas. Até crianças podem ir! Que tal férias na Antártica? Basta economizar e juntar o dinheiro para comprar a sua viagem (risos).

É verdade que há dias em que o sol não nasce e outros em que não se põe?

Sim! Há seis meses de escuridão e seis de luz, o que quer dizer que metade do ano não vemos o sol nascer e durante seis meses o sol está presente 24 horas. [...]

Os pesquisadores vão para lá somente na época que tem luz do sol?

Geralmente, sim, mas alguns vão também no inverno para entender o que acontece nesse período. É um trabalho muito difícil para quem vai nessa época do ano.

O que os pesquisadores estão estudando na Antártica?

Os mais diversos temas. Há biólogos, geólogos, meteorologistas, profissionais da veterinária, medicina... Eles estudam biologia e comportamento dos animais, como pinguins, distribuição das espécies e o que interfere nisso. E mais: movimento e derretimento das geleiras, mudanças climáticas etc. Por ser um continente congelado, a Antártica reserva muita história do passado, coisas que não sabemos. Lá há muitos fósseis, de modo que conseguimos construir a história do passado.

Reprodução/Acervo pessoal

Acampamento de pesquisadores na Antártica: é proibida a exploração de recursos minerais e o armamento no continente.

[...]

É realmente muito frio na Antártica?

Sim, mas o principal desafio, na verdade, é o vento. Ele dificulta a caminhada e o trabalho. Na Antártica foi registrada a menor temperatura da Terra: 89 graus negativos. Vocês podem imaginar o que é isso? A temperatura de um freezer de geladeira é de 20 graus negativos. Portanto, 80 graus negativos é a temperatura de um superfreezer. No entanto, usamos roupas adequadas para trabalhar e dormimos em barracas no acampamento que são corta-vento, em sacos de dormir especiais. Dessa forma, não passamos frio.

[...]

"A Antártica é um local destinado à ciência e paz". **Jornal Joca**. 6 jun. 2018. Disponível em: <https://jornaljoca.com.br/portal/a-antartica-e-um-local-destinado-a-ciencia-e-paz/>. Acesso em: 24 out. de 2019.

Por dentro do texto

1 A entrevista que você leu foi publicada no portal de internet **Jornal Joca**. A que público a entrevista se destina?

....

....

2 Em sua opinião, por que as crianças quiseram entrevistar a professora e pesquisadora Claudinéia Lizieri?

....

....

....

3 Como se chamam os entrevistadores?

....

....

4 Na sua opinião, como as perguntas feitas à entrevistada foram elaboradas?

....

....

....

5 Como você identificou que o texto lido é uma entrevista?

....

....

....

6 Releia este trecho:

> **É verdade que há dias em que o sol não nasce e outros em que não se põe?**
> Sim!

- Que sinais de pontuação foram empregados nesse trecho? Que funções eles desempenham?

....

....

....

7 Responda às questões a seguir com as informações que você leu na entrevista.

a) Qual é a diferença entre os termos Antártida e Antártica?

....

....

b) Como é o clima na Antártica?

....

c) Como a região foi descoberta?

....

....

....

d) Quem pode visitar a Antártica?

....

8 Releia o trecho abaixo:

> Turistas vão por meio de agências turísticas. Até crianças podem ir! Que tal férias na Antártica? Basta economizar e juntar o dinheiro para comprar a sua viagem (risos).

- O que a informação dada entre parênteses indica?

....

Entrevista

Depois de ler duas entrevistas, você e um colega vão entrevistar uma pessoa da comunidade escolar. Pode ser um aluno, um professor, um funcionário da escola ou mesmo familiares ou outra pessoa que julgarem interessante.

> **Objetivos da produção:** fazer uma entrevista para organizar uma coletânea com os "Destaques da comunidade escolar".
>
> **Público-alvo:** colegas de sala, da escola e familiares.

Planejando suas ideias

Etapa 1

1 Com a ajuda de familiares, faça uma pesquisa de uma entrevista com uma pessoa de que você goste e que tenha sido publicada em jornal, revista, *site*, etc. Recorte-a ou imprima-a.

2 No dia combinado, leve para a sala de aula a entrevista que você selecionou. Ela poderá servir de modelo para a entrevista que você e o colega vão realizar.

3 Em dupla, analisem as entrevistas pesquisadas. Verifiquem se elas possuem título; se têm texto introdutório apresentando o entrevistado; e qual é a intenção da entrevista. Atentem para a organização do texto, verificando se é composta de perguntas e respostas e se há algum tipo de destaque para diferenciá-las.

Etapa 2

1 De comum acordo, escolham uma pessoa para ser entrevistada.

2 Com o auxílio do professor, conversem ou enviem uma mensagem para essa pessoa perguntando se ela aceitaria participar da entrevista. Se ela topar, combinem um dia e horário para a conversa.

3 Anotem no caderno as perguntas que gostariam de fazer à pessoa. Fiquem atentos para que as perguntas sejam objetivas e em pouca quantidade.

Etapa 3

1 No dia combinado, peçam a um adulto que filme a entrevista e fotografe o entrevistado.

2 Tratem o entrevistado de modo educado e evitem interrompê-lo enquanto ele estiver falando.

3 Façam as perguntas preparadas anteriormente. Dependendo das respostas, vocês não precisarão fazer todas elas ou poderão fazer outras perguntas, motivadas pelas respostas que obtiverem.

Rascunho

1 Assistam à gravação da entrevista e escrevam as respostas que obtiveram para as perguntas que foram feitas.

2 Façam o rascunho da entrevista no espaço abaixo. Com a ajuda do professor, criem também o texto inicial apresentando o entrevistado.

Revisando suas ideias

Troquem a entrevista com a de outra dupla e façam a avaliação seguindo o quadro abaixo:

	Sim	Não
A entrevista tem título? Ele está adequado?		
O texto introdutório apresenta o entrevistado e o assunto da entrevista?		
As perguntas estão destacadas (escritas em outra cor) para se diferenciarem das respostas?		
Foi usado o ponto de interrogação nas perguntas?		
As palavras foram escritas corretamente?		

Texto final

1 Em uma folha à parte, reescrevam a versão final da entrevista seguindo as observações da dupla de colegas e as orientações do professor.

2 Reúnam as entrevistas de cada dupla, que, juntas, vão compor um livreto com o título: "Destaques da comunidade escolar".

3 Com a orientação do professor, determinem a sequência em que as entrevistas serão apresentadas no livreto: ordem alfabética dos títulos, dos nomes dos entrevistados, dos entrevistadores, etc.

4 Baseando-se nessa sequência, façam o sumário do livreto.

5 Escolham como e quem fará a capa.

6 Vocês também podem digitar todos os textos das entrevistas, deixando um espaço (no início de cada uma) para colocar a foto do entrevistado. Depois, imprimam e tirem cópias do trabalho. Cada aluno poderá ficar com uma cópia para mostrar aos familiares.

7 Deixem o exemplar original na biblioteca. Se possível, publiquem as entrevistas no *site* ou blogue da escola.

6 INFOGRÁFICO

Leitura 1

Você já bateu a cabeça? É muito doloroso e ainda pode fazer um galo... mas por que isso acontece? Leia o infográfico ao lado para descobrir e aprender mais.

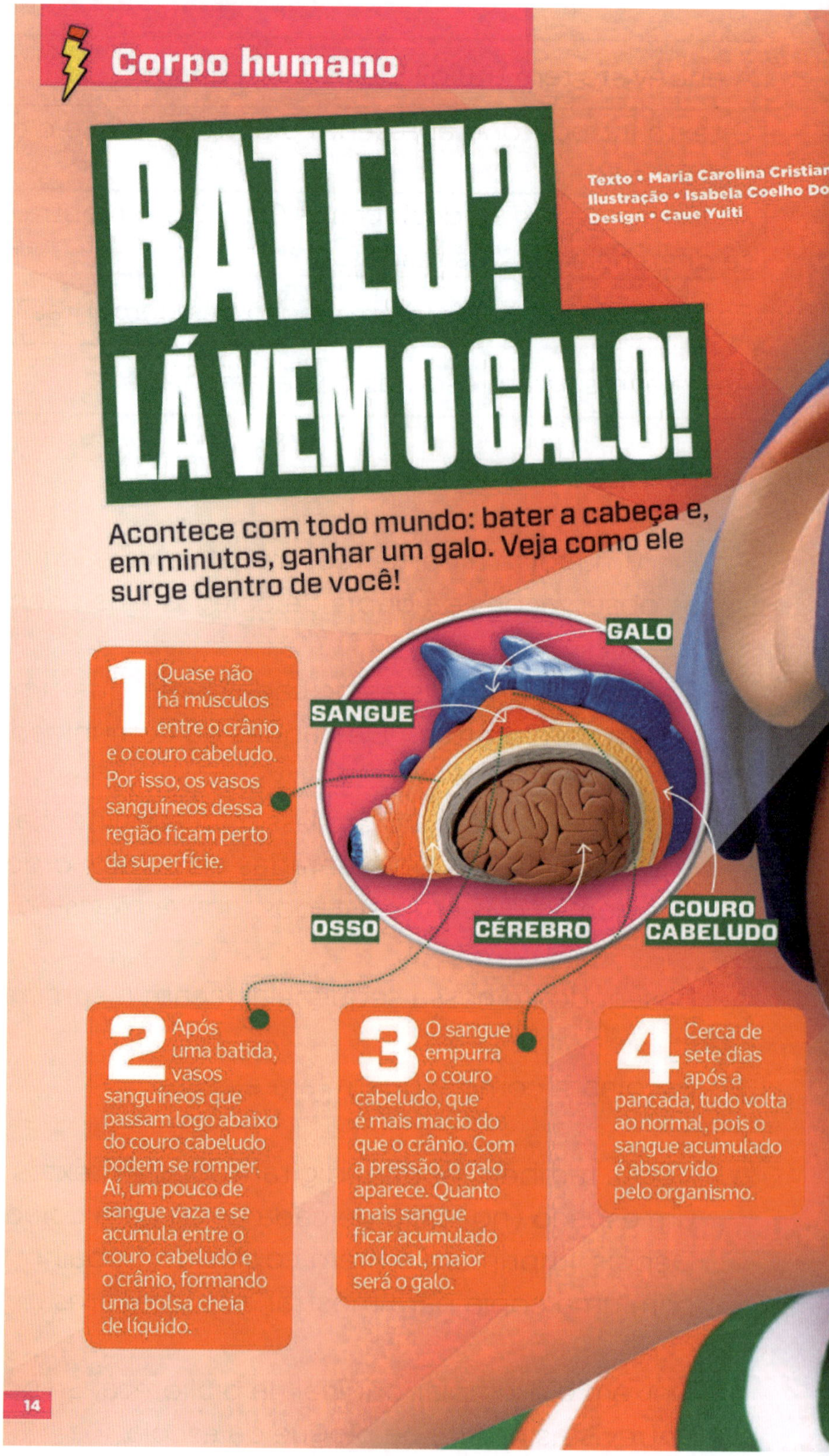
Corpo humano

BATEU? LÁ VEM O GALO!

Texto • Maria Carolina Cristian
Ilustração • Isabela Coelho Do
Design • Caue Yuiti

Acontece com todo mundo: bater a cabeça e, em minutos, ganhar um galo. Veja como ele surge dentro de você!

GALO
SANGUE
OSSO
CÉREBRO
COURO CABELUDO

1 Quase não há músculos entre o crânio e o couro cabeludo. Por isso, os vasos sanguíneos dessa região ficam perto da superfície.

2 Após uma batida, vasos sanguíneos que passam logo abaixo do couro cabeludo podem se romper. Aí, um pouco de sangue vaza e se acumula entre o couro cabeludo e o crânio, formando uma bolsa cheia de líquido.

3 O sangue empurra o couro cabeludo, que é mais macio do que o crânio. Com a pressão, o galo aparece. Quanto mais sangue ficar acumulado no local, maior será o galo.

4 Cerca de sete dias após a pancada, tudo volta ao normal, pois o sangue acumulado é absorvido pelo organismo.

14

Recreio. São Paulo: Abril, out. 2017. Edição 917.

Você sabia que...

... o galo tem esse nome por lembrar a crista da ave?

O QUE FAZER?

Logo após a pancada, é legal fazer compressas de gelo no local. Aí, menos sangue vaza e o galo fica menor. Algumas pessoas têm o costume de encostar uma faca sobre o galo. Como a lâmina é fria, também ajuda. Mas atenção: se a pancada for forte, fique onde está e chame alguém para levá-lo ao médico. E fique de olho no galo: se ele ficar muito grande ou demorar para sumir, fale com seus pais para ir ao médico.

CONSULTORIA: ALEXANDRE MENEZES (PROFESSOR DO DEPARTAMENTO DE FISIOLOGIA DA UFRN), ALEXANDRE OLIVEIRA (PROFESSOR DO INSTITUTO DE BIOLOGIA DA UNICAMP), CARLOS A. NAVAS, DEBORA CHADI E JOSÉ CHAUI-BERLINCK (PROFESSORES DO DEPARTAMENTO DE FISIOLOGIA DA USP), DORIS ROSENTHAL (PESQUISADORA DO INSTITUTO DE BIOFÍSICA CARLOS CHAGAS FILHO/UFRJ), EDUARDO COLOMBARI E LUIZ MELLO (PROFESSORES DO DEPARTAMENTO DE FISIOLOGIA DA UNIFESP) E RONALD RANVAUD (PROFESSOR DO INSTITUTO DE CIÊNCIAS BIOMÉDICAS DA USP).

15

Maria Carolina Cristianini/Isabela Coelho Dourado/Caue Yulti/Revista Recreio/ Edição 917, outubro 2017

Por dentro do texto

1 O texto foi publicado na revista infantil **Recreio**. No topo da página há a seguinte informação "Corpo humano". O que essa informação pode indicar?

....

....

....

2 Leia o título do texto. Quais são os sinais de pontuação utilizados no título e o que o uso desses sinais pode indicar?

....

....

3 Além de explicar como o galo se forma, que outras informações o infográfico traz?

....

....

....

> O **infográfico** é um texto composto de imagens e outros recursos gráficos – setas, traços, cores, símbolos, etc. – e de textos curtos, que apresentam informações e explicações sobre determinado assunto.

4 Para explicar a formação do galo, foram usados texto verbal e não verbal – palavras e imagens. As imagens representam as partes do corpo envolvidas na formação do galo. Quais são elas?

....

....

....

5 Observe ao lado parte do infográfico.

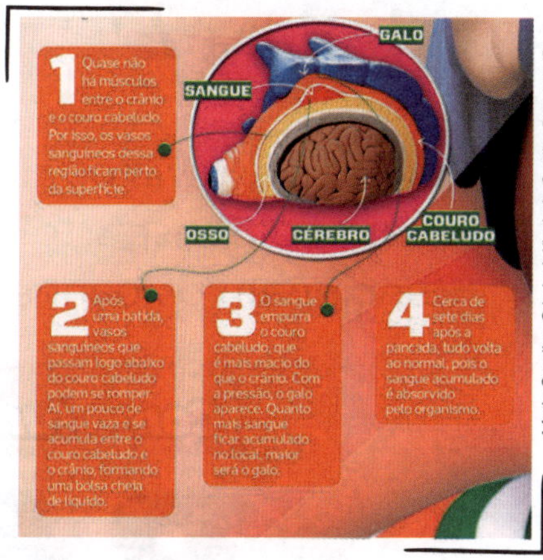

Maria Carolina Cristianini/Isabela Coelho Dourado/Caue Yulti/Revista Recreio/ Edição 917, outubro 2017

a) O que representa esta parte da ilustração?

....

....

....

b) Qual é a função das setas?

....

c) Qual é a função das linhas pontilhadas?

....

....

d) Qual é a função dos números que aparecem na imagem?

....

....

6 Responda:

a) Por que, ao batermos a cabeça, pode aparecer um galo?

....

....

....

....

b) O que determina o tamanho de um galo?

....

7 Você já teve um galo na cabeça? Conte aos colegas e ao professor como foi sua experiência.

Leitura 2

Você já viajou de avião? Tem alguma curiosidade relacionada a esse meio de transporte? No infográfico a seguir, você vai aprender como funcionam os banheiros no avião.

Como funciona

BANHEIRO NAS ALTURAS

Ninguém está livre de ter aquela dor de barriga dentro de um avião. Para essas emergências ou um simples xixi, todas as aeronaves estão equipadas com vasos sanitários. Mas eles são diferentes daqueles que você usa. Saiba por quê!

Texto Maria Carolina Cristianini
Ilustração Estúdio 1+2
Design Elisabete Nagahama

1 Cadê a água?
As diferenças do sanitário de avião para os outros começam no visual: não há um monte de **água** no fundo do vaso. É desse jeito porque, nas aeronaves, o mecanismo que leva o cocô e o xixi embora foi feito para evitar vazamentos. Assim, a descarga tem pouco ou nada de água.

2 Adeus, sujeira!
Assim que o passageiro termina de usar a privada, é hora de acionar a descarga. Aí, entra em ação um **aspirador** que, sem ter de esvaziar e encher o vaso sanitário de água, suga tudo o que está ali.

Pela estrada
Banheiros de ônibus são parecidos com os dos aviões. A principal diferença é que o reservatório que guarda a sujeira é menor.

Recreio. São Paulo: Abril, fev. 2012. Edição 622.

3 Cheirinho bom

Ao mesmo tempo que cocô e xixi vão embora, gotículas de **desinfetante** são liberadas para perfumar o ambiente e garantir uma viagem agradável.

4 A rota do cocô

Depois de sugada, a sujeira é levada por canos até um **reservatório**, que armazena 250 litros (125 garrafas de refrigerante de 2 litros). Aviões grandes têm dois reservatórios.

CONSULTORIA: Álvaro M. Abdalla e Paulo C. Greco Jr. (professores de engenharia aeronáutica da USP), Antonio André Filho e Emanuel Borges (engenheiros da TAM), Claudiano Sales e Fernando Ponzo (engenheiros da Embraer), Luiz C. Góes (professor do Departamento de Engenharia Mecânica do ITA) e Marcelo F. de Araujo (mestre em engenharia aeronáutica e mecânica pelo ITA). FONTE: Revista Mundo Estranho (Edição 89 – Editora Abril).

5 Caminho final

Quando o avião pousa, um **caminhão** vai até ele para esvaziar o reservatório. Depois, o caminhão segue para outra área do aeroporto, onde despeja a sujeira num buraco ligado à rede de esgoto da cidade.

Você sabia que...

... uma lei determina que aviões tenham um banheiro para cada 50 passageiros? Sem aperto a bordo!

Maria Carolina Cristianini/Estúdio 1+2/Elisabete Nagahama/Revista Recreio/ Edição 622, fevereiro 2012

Por dentro do texto

1 Qual é o assunto do infográfico e para quem o texto foi produzido?

2 Explique o título do infográfico.

3 Leia as informações a seguir e numere-as de acordo com a sequência textual do infográfico.

- [ ] Quando a aeronave pousa, um caminhão esvazia o reservatório de sujeira e a despeja em local apropriado.
- [ ] Depois que o vaso sanitário é utilizado, a descarga é acionada.
- [ ] Gotículas de desinfetante são liberadas para perfumar o ambiente.
- [ ] Em aeronaves, o vaso sanitário é diferente. Nele, há pouca ou nenhuma água.
- [ ] A sujeira é sugada por um aspirador e levada a um reservatório.

4 Qual é a função das linhas pontilhadas?

5 Releia o texto 4 do infográfico. Que informação é colocada entre parênteses? Qual é a função dessa informação?

6 De acordo com o infográfico, qual é a diferença entre os banheiros dos aviões e os dos ônibus?

Produção relâmpago — Como as pipas voam?

Você vai completar o infográfico a seguir sobre o funcionamento das pipas usando as informações abaixo.

- ✓ Para brincar com pipas não é necessário muita coisa. Basta uma pipa e vento.
- ✓ O vento, que é o ar em movimento, ergue e mantém a pipa no ar.
- ✓ A pipa se move como se estivesse dançando no ar.
- ✓ A pipa deve ficar segura por uma linha, que controla sua altura e impede que ela saia voando sem rumo.

Seta que indica a força do vento para manter a pipa no ar. 	Setas que indicam os movimentos do vento para mantê-la voando. 	Seta que indica a força que mantém a pipa segura e que a impede de sair voando. 

- Agora, observe a ilustração e, com a orientação do professor, preencha os quadros com o texto correspondente.

Ilustra Cartoon/ Arquivo da editora

VOCÊ EM AÇÃO

Infográfico

Depois de conhecer e estudar dois infográficos, chegou a sua vez de produzir um.

Objetivo da produção: em grupo, produzir um infográfico.

Público-alvo: colegas da turma e comunidade escolar.

Planejando suas ideias

1 Converse com o professor e os colegas sobre temas para a criação de infográficos. O professor vai anotar as ideias na lousa. Depois, reúna-se em grupo com alguns colegas para escolher um dos temas listados e escreva-o abaixo. Depois, siga as orientações a seguir.

....

2 Façam uma pesquisa para entenderem melhor o tema escolhido. Tentem obter o máximo de informações que conseguirem.

3 Pesquisem imagens relacionadas ao tema, que poderão fazer parte do infográfico.

Rascunho

Depois de realizada a pesquisa, reúna-se com seu grupo para organizar as informações obtidas, comparando as que você encontrou com as informações de seus colegas. Para produzir a primeira versão dos textos, sigam os passos a seguir:

- Selecionem as informações mais importantes. Elas devem ser curtas, explicativas e objetivas.

- Que imagens podem ser utilizadas para explicar e auxiliar a compreensão das informações do infográfico?
- Setas e traços serão necessários? Indique-os no rascunho.
- Que cores serão utilizadas para compor o infográfico?
- Criem um título para o infográfico.
- Peçam ao professor que leia o rascunho do infográfico de seu grupo. Ele vai auxiliá-los na melhor composição do texto.

Revisando suas ideias

Avaliem a primeira versão do infográfico seguindo o quadro abaixo.

	Sim	Não
Utilizamos imagens e textos explicativos?		
Os textos são curtos e objetivos?		
Foram usadas setas e linhas para facilitar o entendimento das informações?		
O infográfico possui um título?		
As palavras foram escritas corretamente.		

Texto final

1 Depois da revisão, façam os ajustes necessários.

2 Passem o infográfico a limpo em uma cartolina ou folha de papel A3. Caprichem na letra!

3 Combinem com o professor onde os infográficos serão expostos. Antes, porém, façam uma apresentação oral do infográfico do grupo. Organizem a apresentação da seguinte forma:

- Leiam o título do infográfico.
- Expliquem aos colegas o processo representado no texto.

4 Se for possível, os infográficos podem ser digitalizados e publicados no *site* ou blogue da escola.

EXPLORANDO O TEMA...

Nosso amigo: o robô!

Hoje em dia, os robôs podem auxiliar em tarefas que antes eram desenvolvidas somente pelas pessoas. Em operações perigosas, podem substituí-las. Por exemplo, há robôs que são capazes de atuar em resgates, entrando em escombros de prédios que desabaram. E há também aqueles que desempenham tarefas simples, como aspirar a casa. Mas saiba que essas máquinas não podem ser comparadas aos seres humanos, porque não possuem a capacidade de pensar, de sentir e de ter empatia.

Agora, leia um trecho de uma entrevista publicada em um portal de notícias da internet, feita por crianças com a especialista em robótica Joanne Pransky.

[...]

Vinícius: qual é a parte mais difícil do seu trabalho? Você acha que os robôs vão melhorar a vida dos humanos?

A parte mais complicada do meu trabalho como "futurista" é esperar que os robôs fiquem inteligentes o bastante para se comunicar. Quando isso acontecer, eu poderei ajudá-los a se encaixar na sociedade de forma mais consistente. Na minha rotina, a parte mais difícil é tentar superar as ideias e percepções erradas que as pessoas têm dos robôs. E, sim, eu acho que os robôs vão melhorar as vidas dos humanos no futuro – eles já fazem isso atualmente.

Stella H.: o que você imagina para o futuro? O que você tem mais medo de dar errado?

Eu imagino um futuro no qual os robôs vão ser parte integral da sociedade, algo parecido com o que os computadores são hoje para nós. Talvez um dia as pessoas nem consigam entender como conseguimos viver sem eles no passado. Na verdade, eu me preocupo mais é com os humanos — e não com os robôs. Fico preocupada em pensar que os desenvolvedores ou usuários podem não usar a tecnologia robótica de forma responsável.

[...]

Maya: o que você acha que robôs vão ser capazes de fazer no futuro?

Robôs vão continuar a fazer tarefas sujas, perigosas, maçantes e demoradas. Tarefas que as pessoas não deveriam fazer ou não querem fazer. Acho que no futuro a área que trabalha com robôs que se relacionam com pessoas vai crescer muito e ajudar a solucionar vários problemas da sociedade. Em 1995, eu escrevi um texto que dizia "um dia, os robôs serão capazes de nos fazer companhia e aliviar a nossa solidão".

[...]

Terapia para robôs. **Jornal Joca**. 17 maio. 2019. Disponível em: <https://novo.jornaljoca.com.br/terapia-para-robos/>. Acesso em: 25 out. 2019.

Refletindo sobre o tema

1 A entrevistada disse que seu trabalho é **futurista**. O que você entende por esse termo?

2 Joanne diz que fica preocupada ao pensar que os seres humanos possam utilizar os robôs de forma irresponsável. Você consegue imaginar uma situação desse tipo?

3 De acordo com a entrevistada, os robôs vão desempenhar tarefas que as pessoas não deveriam fazer ou não querem. Que tarefas poderiam ser essas?

Ampliando e mobilizando ideias

1 Agora, você e os colegas vão fazer uma pesquisa para buscar informações sobre robôs que auxiliam a vida das pessoas.

2 Com as informações, produzam um infográfico. Desenhem o robô ou colem uma imagem dele. Em seguida, criem textos explicativos de suas funções. Usem setas, linhas e outros recursos gráficos para dar explicações e informações sobre o robô.

UNIDADE 3

PALAVRA E POESIA

Entre nesta roda

- O que a menina está observando? Em sua opinião, a cena que ela observa é real ou imaginária?
- Se você pudesse se transportar para um lugar imaginário, como seria esse lugar?
- Que tipos de história você costuma imaginar ou gostaria de participar?

Nesta Unidade vamos estudar...

- Verbete enciclopédico
- Verbete poético
- Poema visual

Bruna Assis/Arquivo da editora

7 VERBETE ENCICLOPÉDICO

Leitura 1

Como descobrir mais sobre os animais, os países do mundo, as invenções e as descobertas? Podemos pesquisar de um jeito prático e divertido. Veja a seguir informações sobre baleias e golfinhos.

Os gigantes marinhos

A baleia-azul é **o maior animal do mundo**. Ela é tão comprida quanto quatro ônibus e mais pesada que vinte elefantes!

4

Mini-Larousse dos golfinhos e baleias. Tradução: Silvana Salerno. São Paulo: Larousse do Brasil, 2007.

Os golfinhos são **cetáceos – mamíferos que vivem na água** – como as baleias. Mas são muito menores que elas.

5

Por dentro do texto

1 O texto apresenta informações sobre quais animais?

....

> O texto que você leu é um **verbete enciclopédico**. Sua função é apresentar explicações e informações a respeito de um tema ou assunto. Os verbetes enciclopédicos compõem enciclopédias impressas ou digitais.

2 De acordo com o texto, qual é o maior animal marinho?

....

3 O que são animais cetáceos?

....

4 Qual é a diferença entre golfinhos e baleias apontada no texto?

....

5 Para facilitar o entendimento do tamanho e do peso de uma baleia-azul foram feitas comparações. Quais foram elas?

....

....

6 Releia este trecho do texto:

> Os golfinhos são cetáceos – mamíferos que vivem na água – como as baleias. Mas são muito menores do que **elas**.

A palavra **elas** se refere a:

☐ cetáceos. ☐ baleias. ☐ golfinhos.

Produção relâmpago

Quero saber mais

Você leu um verbete enciclopédico sobre animais marinhos. Agora, pense e discuta com os colegas: Que outras informações poderiam ser acrescentadas sobre as baleias?

Depois de conversarem, faça uma pesquisa e anote:

Onde vivem:

....

....

....

De que se alimentam:

....

....

Suas principais características:

....

....

....

Saiba mais

Os golfinhos são animais inteligentes e extremamente dóceis. Há mais de 30 espécies conhecidas de golfinhos. Eles podem ser encontrados tanto em água salgada quanto em água doce. Esses animais vivem cerca de 25 anos e se alimentam basicamente de peixes e lulas. No Brasil, eles podem ser vistos em vários lugares, como: em Fernando de Noronha, no estado de Pernambuco e na baía dos Golfinhos, em Santa Catarina.

Leitura 2

Os dinossauros habitaram a Terra milhares de anos atrás. O que você sabe sobre esses animais? Conhece alguma espécie que tenha vivido em nosso país? Leia o verbete de enciclopédia a seguir para saber sobre um dinossauro que podia até voar.

https://escola.britannica.com.br/artigo/arque%C3%B3pterix/480648

Arqueópterix

Universal Images Group North America LLC/Alamy/Fotoarena

Arqueópterix.

Introdução

O arqueópterix foi um dinossauro de penas com asas, como os pássaros. Os cientistas veem nele uma prova de que as aves se desenvolveram a partir dos dinossauros, uma vez que têm traços característicos de ambos.

Quando e onde viveram os arqueópterix

Os arqueópterix viveram entre 159 milhões e 144 milhões de anos atrás. Todos os vestígios conhecidos desses animais foram encontrados no sul da Alemanha.

Características físicas

O arqueópterix atingia 60 centímetros de comprimento e a envergadura de suas asas alcançava 60 centímetros. Tinha penas nas asas, como as dos modernos pombos. Contudo, o arqueópterix também compartilhava várias características com um grupo de pequenos dinossauros carnívoros. Possuía dentes desenvolvidos e pescoço longo, fino e flexível. Também tinha ossos compridos nas pernas e nos pés.

Comportamento

Alguns cientistas acreditam que o arqueópterix decolava correndo pelo chão e saltando no ar, enquanto batia as asas. Porém outros especialistas creem que ele provavelmente passava boa parte do tempo pendurado em árvores baixas. O animal podia simplesmente se lançar do alto dos galhos e planar em voos curtos. Quando não estava nas árvores, era possível que estivesse nadando e pescando nas lagunas à beira das ilhas em que vivia. O arqueópterix, como os dinossauros e os pássaros de hoje, reproduzia-se pondo ovos.

Arqueópterix. **Britannica escola**. Disponível em: <https://escola.britannica.com.br/artigo/arque%C3%B3pterix/480648>. Acesso em: 30 out. 2019.

Por dentro do texto

1 Qual é o nome da espécie de dinossauros citada no verbete?

....

2 Por que os cientistas acreditam na possibilidade de que as aves tenham se desenvolvido a partir dos dinossauros?

....

....

3 De acordo com o verbete, quando os arqueópterix viveram?

....

4 Onde esses animais foram encontrados?

....

5 Complete o quadro de acordo com as características do arqueópterix citadas no texto.

Comprimento do corpo	
Envergadura das asas	
Dentes	
Pescoço	
Pernas e pés	

6 Suas asas foram comparadas com as de qual ave?

....

7 Das explicações dadas a respeito do comportamento dos arqueópterix, qual chamou mais a sua atenção?

VOCÊ EM AÇÃO

Verbete enciclopédico

Até aqui você e seus colegas leram alguns verbetes enciclopédicos e compreenderam sua função: apresentar explicações e informações a respeito de temas e assuntos diversos.

Agora, em duplas, vão criar um verbete enciclopédico.

Objetivo da produção: produzir um verbete enciclopédico para publicar na enciclopédia da turma.

Público-alvo: comunidade escolar.

Planejando suas ideias

1 Converse com os colegas para decidir sobre qual tema será a enciclopédia da turma. A seguir, algumas sugestões:

- animais marinhos;
- dinossauros;
- aves brasileiras;
- insetos.

2 Depois de definido o tema da enciclopédia da turma, discutam sobre as seguintes questões:

- Quais informações deverão constar no verbete?
- Qual será o tamanho do verbete? Ele deverá conter imagens?

3 Reúna-se com o colega e escolham o assunto sobre o qual vão produzir o verbete. Em seguida, façam uma pesquisa para obter as informações necessárias.

Rascunho

Após realizar a pesquisa, reúna-se com sua dupla e, juntos, organizem as informações que conseguiram. Façam o rascunho no caderno; comecem escrevendo o título do verbete. Sigam as orientações do professor para a produção do texto do verbete.

Revisando suas ideias

Troquem o texto com o de outra dupla. Vocês vão avaliar a produção dos colegas seguindo o roteiro abaixo.

	Sim	Não
O verbete está relacionado ao tema que foi definido com a turma?		
O verbete apresenta explicações e informações adequadas ao tema?		
A entrada (o título) do verbete está adequada?		
As palavras foram escritas corretamente?		
Os sinais de pontuação foram usados corretamente?		

Quando receberem o texto de volta, peçam auxílio ao professor caso tenham dúvidas.

Texto final

1 Após a revisão, escrevam a versão final do verbete em uma folha avulsa fazendo os ajustes necessários. Ilustrem o texto com desenhos ou imagens que tenham relação com o verbete.

2 Com a ajuda do professor, organizem os verbetes enciclopédicos em ordem alfabética. Coletivamente, produzam a capa da enciclopédia e o Sumário.

3 Decidam juntos a melhor forma de compartilhar com a comunidade escolar a enciclopédia da turma.

8 VERBETE POÉTICO

Leitura 1

Como seria um poema que explica o significado de algumas palavras? Leia o poema a seguir para descobrir.

Dicionário

Aulas: período de interrupção das férias.
Berro: o som produzido pelo martelo quando bate no dedo da gente.
Caveira: a cara da gente quando a gente não for mais gente.
Dedo: parte do corpo que não deve ter muita intimidade com o nariz.
Excelente: lente muito boa.
Forro: o lado de fora do lado de dentro.
Girafa: bicho que, quando tem dor de garganta, é um deus nos acuda.
Hoje: o ontem de amanhã ou o amanhã de ontem.
Isca: cavalo de troia para peixe.
Janela: porta de ladrão.

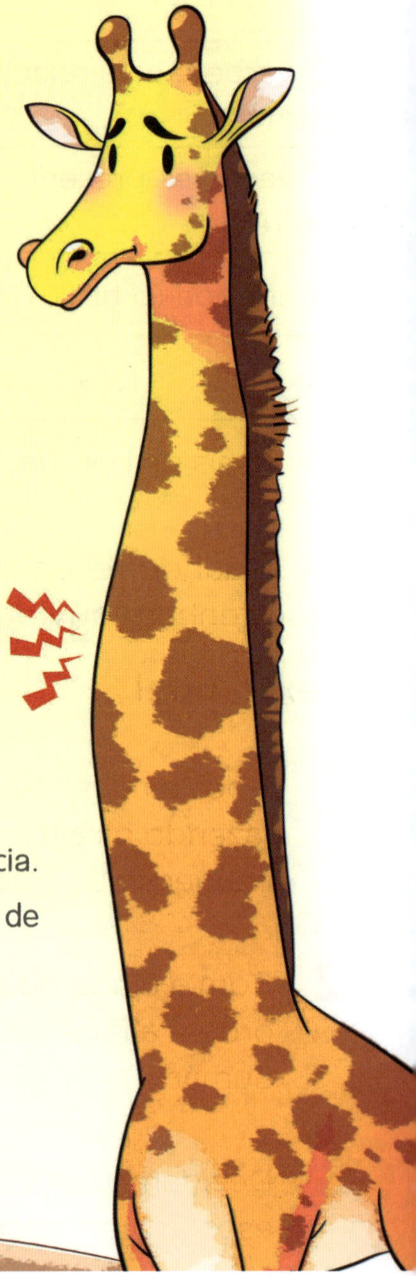

Luz: coisa que se apaga, mas não com borracha.
Minhoca: cobra no jardim de infância.
Queixo: parte do corpo que depois de um soco vira queixa.
Rei: cara que ganhou coroa.

Ilustra Cartoon/Arquivo da editora

Ilustra Cartoon/Arquivo da editora

Sopapo: o que acontece quando só papo não adianta.

Nuvem: algodão que chove.

Ovo: filho da galinha que foi mãe dela.

Pulo: esporte inventado pelos buracos.

Tombo: o que acontece entre o escorregão e o palavrão.

Urgente: gente com pressa.

Vagalume: besouro guarda-noturno.

Xará: um outro que sou eu.

Zebra: bicho que tomou sol atrás das grades.

Poemas para brincar, de José Paulo Paes. São Paulo: Ática, 2011.

Quem é?

Antonio Milena/Arquivo da editora

José Paulo Paes (1926-1998) nasceu em Taquaritinga, no estado de São Paulo. Foi poeta, tradutor, ensaísta e crítico literário. Publicou seu primeiro livro com 21 anos. Como era um escritor muito reconhecido, escreveu para vários jornais do Brasil. Seus poemas infantis estão reunidos em vários livros. Entre eles se destacam: **Poemas para brincar** e **Um passarinho me contou**, que receberam o Prêmio Jabuti em 1991 e 1997, respectivamente.

Por dentro do texto

1 O poema que você leu foi publicado no livro **Poemas para brincar**, de José Paulo Paes. Para que tipo de leitor este livro foi escrito? Por quê?

....

....

2 O título do poema é **Dicionário**. Por que você acha que ele tem esse título?

....

....

3 Leia a seguir a definição de **verbete**.

> **Verbete** é o conjunto dos significados de uma palavra, apresentado em um dicionário, glossário ou enciclopédia.

a) Agora, leia os verbetes:

I. Aulas: período de interrupção das férias.

Poemas para brincar, de José Paulo Paes. São Paulo: Ática, 2011.

II. Aula: lição ou exercício ministrado pelo professor em um determinado espaço de tempo.

Novo Dicionário Eletrônico Aurélio versão 6.1. Positivo, 2008.

b) Leia as afirmações abaixo e marque a qual verbete elas se referem.

☐ A explicação está no sentido próprio.

☐ A explicação está no sentido poético.

> O **verbete poético** apresenta explicações para uma palavra de modo poético, lúdico expressando sentimento ou emoções.

Produção relâmpago — Verbete poético ilustrado

1 Veja uma parte do poema **Dicionário**, de José Paulo Paes, com suas ilustrações originais. Além de complementar o texto, as ilustrações o deixam ainda mais divertido.

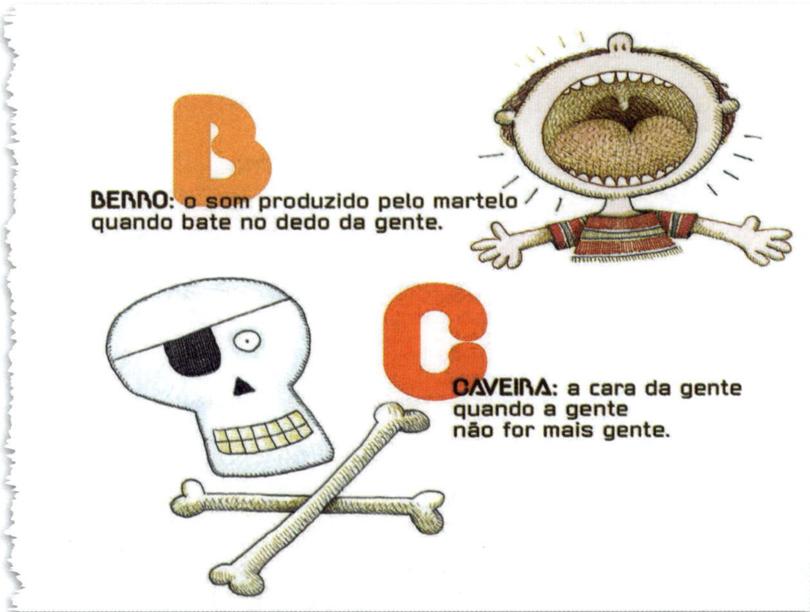

Poemas para brincar, de José Paulo Paes. São Paulo: Ática, 2011.

2 Agora, você vai fazer algo parecido. Siga as orientações abaixo.

- Crie uma nova explicação poética para uma das palavras do poema **Dicionário**.
- Faça uma ilustração para o verbete que você criou.

Leitura 2

Você usa muito a imaginação? Em que momentos? É possível falar de sentimentos, como amizade ou saudade, usando a imaginação? Leia os verbetes poéticos a seguir e confira.

AMIZADE é quando você não faz questão de você e se empresta pros outros.

DECEPÇÃO é quando você risca em algo ou em alguém um xis preto ou vermelho.

FELICIDADE é um agora que não tem pressa nenhuma.

INTUIÇÃO é quando o seu coração dá um pulinho no futuro e volta rápido.

SAUDADE é quando o momento tenta fugir da lembrança pra acontecer de novo e não consegue.

Mania de Explicação, de Adriana Falcão. São Paulo: Salamandra, 2013.

Ilustra Cartoon/Arquivo da editora

Por dentro do texto

1 Os verbetes lidos apresentam significados poéticos para:

☐ sentimentos. ☐ ações.

2 De qual verbete poético você mais gostou?

....

....

3 Releia o trecho a seguir:

Intuição é quando o seu coração dá um pulinho no futuro e volta rápido.

- No poema, o que a palavra em destaque significa?

☐ Ir a um lugar rapidamente. ☐ Dar um pequeno salto.

4 Observe a palavra em destaque no trecho a seguir:

Saudade é quando o momento tenta fugir da lembrança pra acontecer de novo e não consegue.

- O uso da palavra em destaque é muito comum:

☐ quando estamos falando. ☐ quando escrevemos um texto.

5 Releia este trecho:

DECEPÇÃO é quando você risca em algo ou em alguém um xis preto ou vermelho.

- Qual é o sentido de "riscar um xis"? Por que foi utilizada essa expressão na construção do significado poético para a palavra **decepção**?

VOCÊ EM AÇÃO

Verbete poético

Você vai criar um **verbete poético** que fará parte de um **dicionário**. Para isso, siga as instruções e mãos à obra!

Objetivo da produção: criar um verbete poético para organizar um dicionário poético da turma.

Público-alvo: colegas da classe e da escola, familiares e leitores da biblioteca da escola.

Planejando suas ideias

1 Antes de produzir os verbetes poéticos, você e os colegas vão falar para o professor palavras de **A** a **Z**.

2 O professor vai anotar as palavras em pedaços de papel e colocá-los em um saquinho para serem sorteados.

3 Pegue um papel do saquinho. Você vai produzir o verbete com a palavra que sortear.

Ilustra Cartoon/Arquivo da editora

Rascunho

1 Pense na palavra que você sorteou e no significado dela. A partir daí, crie uma explicação poética para a palavra. Se precisar, releia os verbetes poéticos das Leituras 1 e 2.

2 Faça no caderno o rascunho de seu verbete poético para a palavra sorteada.

3 Em uma folha avulsa, faça um esboço da ilustração que acompanhará seu texto.

Revisando suas ideias

Troque o texto com o de um colega para que ele avalie seu verbete e sua ilustração. Você vai avaliar a produção dele seguindo o roteiro abaixo.

	Sim	Não
O verbete explica, de forma poética, a palavra sorteada?		
A ilustração ajuda o leitor a entender o verbete?		
A organização da explicação, a pontuação e a grafia das palavras estão corretas?		

Texto final

1 Após a revisão, escreva a versão final de seu texto fazendo os ajustes que forem necessários. Se precisar, peça a ajuda do professor.

2 Ilustre seu verbete.

3 Depois, entregue seu texto ao professor, que vai organizar o **Dicionário poético da turma**. Façam coletivamente a capa e o Sumário do Dicionário.

4 Combinem com o professor um dia para que cada aluno leve o Dicionário para casa para lê-lo com os familiares. Por fim, o Dicionário pode ficar disponível na biblioteca da escola para que outros alunos e professores possam lê-lo.

9 POEMA VISUAL

Leitura 1

Você já percebeu que a poesia está presente em toda parte? Uma pintura, por exemplo, pode ser poética quando comove, encanta e desperta sentimentos nas pessoas. Leia, agora, um poema visual.

Cynthia Cruttenden. **Folha de S.Paulo**, São Paulo, 7 set. 2002. Folhinha.

Por dentro do texto

1 O poema visual está organizado em versos e estrofes?

2 Como o poema está organizado na página?

...

Os **poemas visuais**, também chamados **imagéticos**, modificam a forma tradicional de organizar o texto em versos e estrofes. Neles, os versos podem ser dispostos em linhas verticais, formar desenhos com palavras e letras, imagens podem ser utilizadas para construir os sentidos. A leitura dos poemas visuais deve levar em conta as palavras, as imagens e a disposição do texto.

3 O que a disposição dos versos sugere?

...

4 Qual é o tema do poema visual?

...

5 Que comparação é feita no poema? Por quê?

...

Produção relâmpago

Um dia de primavera

Agora você vai criar a árvore do poema visual que acabou ler. Siga as instruções.

1 Desenhe uma árvore colorida no espaço a seguir. Coloque vários ramos e galhos na árvore.

2 Escreva próximo aos galhos e ramos, como se fossem as folhas, palavras relacionadas ao tema “Um dia de primavera”.

Leitura 2

Vamos ler outro poema visual.

Reprodução/Sérgio Capparelli

111 poemas para crianças, de Sérgio Capparelli Porto Alegre: L&PM Editores, 2006.

Quem é ?

Sérgio Capparelli/Acervo do autor

Sérgio Capparelli nasceu em Uberlândia, no estado de Minas Gerais, em 1947. Trabalhou muitos anos como repórter e estreou na literatura infantojuvenil em 1978. Em 1981, publicou seu primeiro livro de poesia para crianças, **Boi da cara preta**. De lá para cá, seguiram-se cerca de 30 títulos, entre eles: **Vovô fugiu de casa**, **Minha sombra** e **111 poemas para crianças**. Várias de suas obras para o público infantil receberam o Selo de Ouro e indicação de Altamente Recomendável da Fundação Nacional do Livro Infantil e Juvenil (FNLIJ).

Por dentro do texto

1 O que você notou em relação à organização do poema?

2 Onomatopeia é uma forma de representar na escrita um som. Veja alguns exemplos:

O motor de um carro: vrum-vrum

Um relógio: tique-taque

- Agora responda: Que onomatopeias foram usadas para construir o poema visual?

3 Qual é a função das onomatopeias na construção desse poema?

4 Em sua opinião, qual é a relação entre o título e o formato do poema?

5 A canção de ninar fez o gato dormir? Por quê?

VOCÊ EM AÇÃO

Poema visual

Depois de ler e observar alguns poemas visuais, você vai produzir o seu, inspirando-se no poema de Sérgio Capparelli. O tema será "Um animal".

Objetivo da produção: produzir um poema visual.

Público-alvo: alunos e professores da escola.

Planejando suas ideias

1 Pense em um animal para ser o tema do poema. Escolha palavras, onomatopeias e outros recursos que possam ser usados para:

- construir a imagem do animal;
- reproduzir o som do animal em determinada situação.

2 Anote no espaço abaixo o que você definir.

Animal: ____________________

Som do animal: ____________________

Rascunho

1 Em uma folha avulsa, faça um rascunho distribuindo as palavras de modo que representem imagem e som produzidos pelo animal que você escolheu.

2 Dê um título ao seu poema visual. Lembre-se: o título deve estar relacionado à imagem ou ao som do animal.

Revisando suas ideias

Troque seu poema visual com o de um colega para que cada um leia e avalie o texto do outro. Observem os seguintes itens:

	Sim	Não
O poema está de acordo com a proposta apresentada?		
A distribuição das palavras forma a imagem do animal escolhido?		
Foram usadas onomatopeias que reproduzem o som do animal?		
As palavras estão escritas corretamente e com letra legível?		
O título tem relação com o poema?		
Em sua opinião, o poema vai agradar os leitores?		

Texto final

1 Em uma folha à parte, faça a versão final de seu poema visual, realizando os ajustes necessários de acordo com as observações do colega e as orientações do professor.

2 Organizem um varal com os poemas visuais da turma e convidem outros alunos para a exposição.

Ilustra Cartoon/Arquivo da editora

UNIDADE 4

ERA UMA VEZ...

Entre nesta roda

- Você conhece alguma história que se passe em um lugar parecido com o da cena? Qual?
- Que personagens costumam fazer parte de histórias que se passam em ambientes parecidos com o da cena?

Nesta Unidade vamos estudar...

- Conto de assustar
- Conto de fadas
- Tira ou tirinha

Bruna Assis/Arquivo da editora

10 CONTO DE ASSUSTAR

Leitura 1

Você já leu ou ouviu alguma história de dar medo? Prepare-se para arrepiar os cabelos com esse conto de Angela Lago.

Caio?

Em Bom Despacho tinha uma fazenda à venda, mas ninguém queria comprar: era mal-assombrada.

Quando o preço chegou lá embaixo, veio de Luzes um comprador para fechar negócio.

O **caseiro** aconselhou o homem a passar a noite na fazenda e deixar a decisão para o dia seguinte. E o homem ficou para dormir.

De madrugada, acordou com uma voz cavernosa:

— Caio? Caaaaaaio? — a voz repetia.

Acontece que o homem se chamava Caio. Ele estranhou muito e foi com custo que gaguejou: — A-a-a-qui.

E na mesma hora um osso de perna caiu em cima dele.

O homem gelou. Mas não adiantava correr, a assombração sabia até o seu nome. Melhor era continuar deitado e se cobrir todinho.

Dali a pouco o vozeirão recomeçou:

— Caaaaaaaio? Caaaaio?

E se a assombração não soubesse o nome dele coisa nenhuma e estivesse só perguntando se podia cair? Por via das dúvidas, Caio murmurou:

— Sim.

Caiu outro osso. E Caio **matutava**. Será que a assombração estava pensando que "Sim" queria dizer "Sim, pode cair"? Ou "Sim, sou eu, o Caio"?

Resolveu desvendar a questão de uma vez por todas. — Eu!?!

Caiu mais um osso.

De novo:

— Caaaaaio? Caaaaaaaaaaio? E o Caio, para testar:

— Cai!

Caiu outro osso.

Aí o Caio começou a achar que a assombração estava gozando a cara dele.

— Caiiiuuuu!? — por coincidência, a assombração desafinou nessa hora.

O homem **teve um treco**. Deu dois tiros para o alto, chorando nervoso:

— Cai, mas cai logo, que eu não aguento mais essa história!

E para sua surpresa, quem despencou do forro do teto foi o caseiro, que não queria dono novo na fazenda onde ele gostava de **vadiar**.

Sete histórias para sacudir o esqueleto,
de Angela Lago. São Paulo: Companhia das Letrinhas, 2002.

caseiro: pessoa ou empregado doméstico, encarregado de cuidar de uma casa.

matutava: pensava, refletia; tentava entender o que estava acontecendo.

teve um treco: ficou perturbado, nervoso, bravo.

vadiar: ficar ou andar à toa; não fazer nada; levar vida ociosa.

Quem é?

Luciana Serra/Futura Press

Angela Lago (1945-2017) nasceu em Belo Horizonte, no estado de Minas Gerais. Autora e ilustradora de narrativas e poemas dedicados ao público infantojuvenil, é uma das artistas contemporâneas mais premiadas no Brasil e no exterior. Dentre suas obras estão: **A visita dos 10 monstrinhos**, **A festa no céu**, **A novela da panela**, **Outra vez** e **A casa do bode e da onça**.

Por dentro do texto

1 Quais são os personagens da história e onde ela se passa?

2 Quando ocorrem os fatos narrados?

Os **contos de assustar** são textos curtos nos quais os personagens são envolvidos em situações de mistério. O texto leva o leitor a ficar apreensivo e curioso a respeito dos fatos narrados. As ações dos personagens e acontecimentos da narrativa são geralmente surpreendentes. Os **contos de assustar** podem apresentar vários elementos que ajudam a causar medo no leitor, como cenário noturno, vozes sussurradas, trovões e relâmpagos, caveiras, luzes que se apagam misteriosamente, etc.

3 Quais são os os elementos do conto que causam medo.

4 Releia este trecho do texto:

Em Bom Despacho tinha uma fazenda à venda, mas ninguém queria comprar: era mal-assombrada.

Quando **o preço chegou lá embaixo**, veio de Luzes um comprador para fechar negócio.

a) Qual é o sentido de “o preço chegou lá embaixo”?

b) Por que o preço da fazenda “chegou lá embaixo”?

5 Voz "cavernosa" é aquela que tem som rouco e profundo, como se saísse de uma caverna; uma voz fantasmagórica, que dá medo.

a) De quem é a voz cavernosa que aparece no conto?

b) Como ela foi representada?

c) Por que a assombração usava voz cavernosa?

6 Por que o caseiro queria que o comprador dormisse na fazenda?

☐ Para que o homem descansasse.

☐ Para amedrontar o homem e fazer ele desistir de comprar a fazenda.

☐ Para provar ao homem que a casa não era mal-assombrada.

7 O homem estranhou a voz repetida.

a) O que significa a palavra "**A-a-a-qui**."? Por que as letras estão separadas?

b) Qual era a dúvida de Caio?

c) Por que Caio atirou?

d) Com qual objetivo o caseiro resolveu assustar o comprador?

8 Todas as expressões destacadas indicam que Caio estava com muito medo, exceto:

☐ "E Caio **matutava**."

☐ "O homem **teve um treco**."

☐ "Ele estranhou muito e foi com custo que **gaguejou**..."

Leitura 2

Você é uma criança corajosa? Tem medo de monstros? E de outros personagens? Leia o conto a seguir e tente não se assustar!

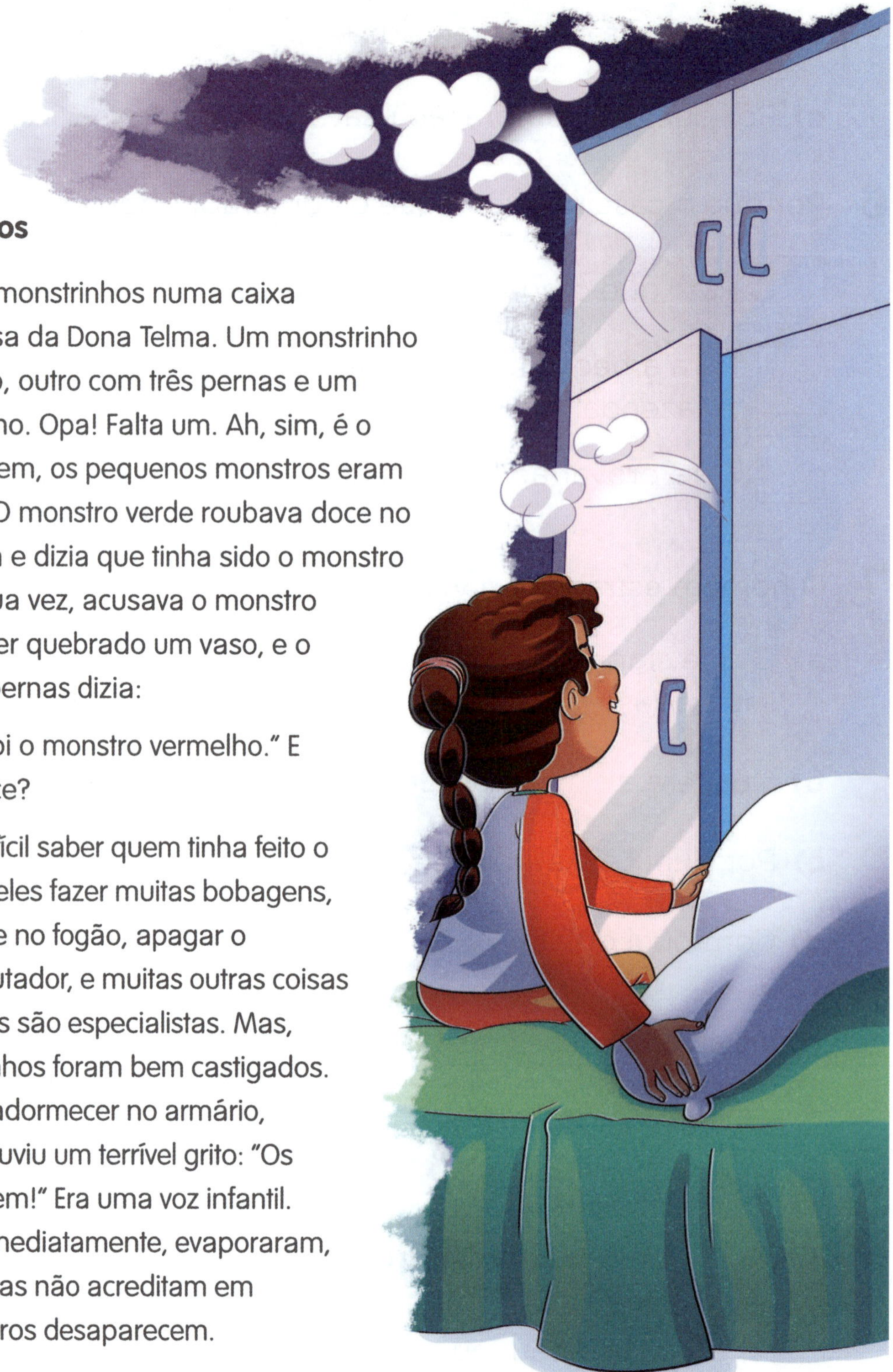

Ilustra Cartoon/Arquivo da editora

Pequenos monstros

Havia muitos monstrinhos numa caixa empoeirada na casa da Dona Telma. Um monstrinho verde, outro peludo, outro com três pernas e um monstrinho vermelho. Opa! Falta um. Ah, sim, é o monstro invisível. Bem, os pequenos monstros eram muito mentirosos. O monstro verde roubava doce no armário da cozinha e dizia que tinha sido o monstro peludo. Este, por sua vez, acusava o monstro de três pernas de ter quebrado um vaso, e o monstro com três pernas dizia:

"Não fui eu! Foi o monstro vermelho." E quem comeu o doce?

Bem, ficava difícil saber quem tinha feito o quê. Era costume deles fazer muitas bobagens, como derramar leite no fogão, apagar o conteúdo do computador, e muitas outras coisas em que os monstros são especialistas. Mas, um dia, os monstrinhos foram bem castigados. Estavam prestes a adormecer no armário, quando um deles ouviu um terrível grito: "Os monstros não existem!" Era uma voz infantil. Pobres monstros! Imediatamente, evaporaram, porque se as crianças não acreditam em monstros, os monstros desaparecem.

365 histórias: uma para cada dia do ano!. Blumenau: Blu, 2010.

Por dentro do texto

1 Por que o título do texto é "Pequenos monstros"?

2 Quantos monstrinhos havia na caixa e como eles eram?

3 Os monstros faziam coisas erradas e não assumiam a culpa. Localize no texto os trechos que confirmam essa afirmação e sublinhe-os.

4 Releia o trecho e depois responda: De quem é essa fala?

Não fui eu! Foi o monstro vermelho.

5 Releia o trecho a seguir e converse com os colegas sobre que outras coisas os monstros são especialistas.

[...] e muitas outras coisas em que os monstros são especialistas.

Monstros são personagens comuns nos contos de assustar. Eles contribuem para aumentar o clima de mistério e suspense, despertando, muitas vezes, o medo nos leitores.

6 Assinale o trecho a seguir que representa um momento de suspense no conto.

- [ ] "Era costume deles fazer muitas bobagens"
- [ ] "Estavam prestes a adormecer no armário, quando um deles ouviu um terrível grito"

7 Releia o trecho abaixo:

Mas, **um dia**, os monstrinhos foram bem castigados.

- A expressão em destaque indica que o narrador:

- [ ] tem certeza de quando o fato ocorreu.
- [ ] não tem certeza de quando o fato ocorreu.

Produção relâmpago → Outro monstrinho

1 Você acabou de ler o conto "Pequenos monstros". Converse com os colegas sobre os monstrinhos do conto:

- Quantos eram?
- Como eles eram?
- O que eles faziam?

2 Depois de conversarem, imagine um outro monstro. Ilustre-o e anote o que o monstro gosta de aprontar e, depois, mostre sua ilustração aos colegas.

VOCÊ EM AÇÃO

Conto de assustar

Neste item você e os colegas leram contos de assustar. Na **Leitura 2**, conheceram a história de alguns monstros muito bagunceiros. Agora, você e um amigo vão produzir um novo final para esse conto.

Objetivos da produção: produzir um novo final para o conto **Pequenos monstros**; fazer uma roda de leitura e organizar uma antologia de **contos de assustar** da turma.

Público-alvo: colegas, familiares e leitores da biblioteca escolar.

Planejando suas ideias

1 Releiam o final do conto **Pequenos monstros**:

> Mas, um dia, os monstrinhos foram bem castigados. Estavam prestes a adormecer no armário, quando um deles ouviu um terrível grito: "Os monstros não existem!" Era uma voz infantil. Pobres monstros! Imediatamente, evaporaram, porque se as crianças não acreditam em monstros, os monstros desaparecem.

2 Troquem ideias para decidir como será o novo desfecho do conto. Para isso, discutam as seguintes questões:

- Haverá outros personagens? Se houver, quem serão eles?
- Dona Telma participará da história? O que ela fará?
- Será que os monstrinhos realmente desapareceram?
- Eles poderiam ir para outro lugar? Onde?
- Que elementos assustadores vão surgir na história?

Rascunho

Depois de discutirem e decidirem como será o novo final do conto, produzam a primeira versão no caderno. Sigam as instruções:

- Criem diálogos entre os personagens.
- Usem travessões ou aspas para indicar as falas.
- Usem elementos que causem suspense e medo no leitor.
- Criem um um final surpreendente e "de arrepiar" para o conto.

Revisando suas ideias

1 Retomem os pontos do planejamento e do rascunho para saber se vocês não se esqueceram de nenhum detalhe. Se ainda tiverem dúvidas, peçam orientações ao professor.

2 Depois, troquem o conto com outra dupla de colegas, para que avaliem os seguintes aspectos:

	Sim	Não
O novo final foi escrito como continuação do conto **Pequenos monstros**?		
A história apresenta elementos que causam suspense e medo no leitor?		
O novo final é surpreendente e de causar arrepios?		
A pontuação, a grafia das palavras e os diálogos estão adequados à situação?		
Foram usados dois-pontos e travessão nos diálogos?		

Texto final

1 Após a avaliação dos colegas, em uma folha avulsa reescrevam o conto, fazendo as correções que forem necessárias. Não se esqueçam de assinar. Se quiserem, ilustrem o conto.

2 Façam uma roda de leitura com os textos.

3 Depois, com a orientação do professor, reúnam os textos da turma e organizem uma antologia de contos de assustar. Deixem-na exposta na biblioteca da escola para que outros alunos leiam os finais produzidos para o conto.

Ilustra Cartoon/Arquivo da editora

11 CONTO DE FADAS

Leitura 1

O mundo das histórias infantis é cheio de diversão, surpresas, aventuras e personagens encantados. Quais personagens você conhece? Tem algum preferido? De quais histórias eles fazem parte? A seguir, leia um conto muito antigo, que já foi contato e recontado por muitas gerações.

Rapunzel

Numa pequena aldeia, um casal aguardava ansioso a chegada do primeiro filho. A mulher ficou com vontade de comer os rabanetes da horta vizinha. A horta pertencia a uma bruxa, que apareceu na hora em que o homem, escondido, apanhava alguns rabanetes. Ela ficou furiosa e jurou tomar a criança assim que nascesse. Quando o bebê nasceu, a bruxa apareceu e levou-o para bem longe. Como era uma menina, a bruxa chamou-a de Rapunzel. Colocou-a em uma torre muito alta e sem portas.

O tempo passou, Rapunzel transformou-se em uma linda moça de longas tranças. Um príncipe caçava na floresta e achou a torre de Rapunzel. Logo viu a bruxa chegar e gritar:

— Rapunzel, jogue as tranças!

O príncipe viu a bruxa subir na torre pelas tranças. Quando ela foi embora, o príncipe foi ao encontro de Rapunzel e passou a visitá-la. Então, um dia, a bruxa descobriu tudo sobre as visitas do príncipe. Cortou as tranças de Rapunzel e a levou embora. Esperou pelo príncipe para vingar-se. Quando o príncipe apareceu, a bruxa jogou as tranças e, quando ele chegou à janela, ela o empurrou. Ele caiu sobre um espinheiro e ficou cego. O príncipe, mesmo sem enxergar, correu o mundo procurando Rapunzel. Um dia, bateu à porta de uma casa pedindo pousada e alimento. A moça que o atendeu era Rapunzel, que logo reconheceu o príncipe. Ela então chorou de tristeza, porque ele estava cego. Suas lágrimas caíram sobre os olhos do príncipe e ele voltou a enxergar. O príncipe levou Rapunzel para o seu reino. Casaram-se e foram felizes para sempre.

Ilustra Cartoon/Arquivo da editora

Uma história por dia. Blumenau: Todolivro, 2013.

Por dentro do texto

1 Onde a história ocorre?

....

2 Por que o homem invadiu a horta da bruxa?

....

3 Qual foi a reação da bruxa ao ver o homem em sua horta?

....

Os **contos de fadas** são histórias transmitidas oralmente, de geração em geração, e que costumam apresentar diferentes versões. Geralmente, elas se passam em reinos com castelos, bosques, florestas ou outros lugares que podem ser mágicos. Os personagens principais dessas histórias são reis, rainhas, príncipes, princesas, bruxas e fadas.

4 Os contos de fadas são textos narrativos. Esses textos apresentam introdução, desenvolvimento e desfecho. Relacione essas partes aos trechos abaixo.

1 Introdução. **2** Desenvolvimento. **3** Desfecho.

☐ "O tempo passou, Rapunzel transformou-se em uma linda moça de longas tranças. Um príncipe caçava na floresta e achou a torre de Rapunzel."

☐ "O príncipe levou Rapunzel para o seu reino. Casaram-se e foram felizes para sempre."

☐ "Numa pequena aldeia, um casal aguardava ansioso a chegada do primeiro filho. A mulher ficou com vontade de comer os rabanetes da horta vizinha."

Na **introdução**, são apresentados os personagens principais e o lugar onde a história se passa. No **desenvolvimento**, se desenrolam as ações desses personagens — os conflitos que eles vivem e como eles agem para superá-los. No **desfecho** dos contos de fadas há sempre o final feliz, que representa a vitória do bem contra o mal.

5 A bruxa cumpriu a ameaça? O que ela fez?

....

6 Que expressão no texto indica a passagem dos anos?

....

7 Como a bruxa chegava até o alto na torre?

....

....

8 Como o príncipe descobriu a torre onde estava Rapunzel?

....

9 O que ele fez quando soube que Rapunzel estava presa na torre?

....

10 Quando a bruxa descobriu, o que ela fez?

....

11 Enumere as ações do desfecho na ordem em que elas aconteceram:

☐ Um dia chegou em uma casa pedindo alimento e Rapunzel o reconheceu.

☐ Rapunzel chorou e suas lágrimas curaram a cegueira do príncipe.

☐ O príncipe caiu sobre um espinheiro e ficou cego.

☐ Procurou por Rapunzel por todo o mundo.

Leitura 2

Você já se imaginou perdido em uma floresta, caminhando assustado e, de repente, encontrando uma casa toda feita de doces?! Você se arriscaria a provar um pedacinho da casa?

Leia um famoso conto dos Irmãos Grimm.

João e Maria

Ilustra Cartoon/Arquivo da editora

João e Maria moravam com seus pais e, como eles eram muito pobres, precisavam procurar frutas na floresta para ter o que comer.

Certo dia, João e Maria acabaram se perdendo na floresta. Depois de caminhar por algum tempo, avistaram uma linda casinha, e qual não foi a surpresa deles quando viram que ela era feita inteirinha de doces!

Os dois estavam com muita fome e imediatamente começaram a devorar a casa. De repente, uma velhinha simpática apareceu:

— Quem está comendo minha casinha?

— Desculpe-nos, senhora... É que estamos mortos de fome! — justificou Joãozinho.

— Então entrem, há muitos doces por aqui.

Quando entraram na casinha, a porta se fechou e a velhinha se transformou em uma bruxa. Ela prendeu João em uma gaiola e avisou Mariazinha que queria ver a casa brilhando!

A bruxa mandava Maria dar muita comida a seu irmão. Todos os dias a bruxa ia até a gaiola e mandava o menino mostrar seu dedinho.

Joãozinho, desconfiado, mostrava sempre um ossinho de frango. A bruxa, que enxergava mal, não percebia a diferença. Até que um dia ela descobriu o ossinho e ficou furiosa!

— Mariazinha, coloque a água para esquentar, pois hoje teremos um jantar especial!

Maria obedeceu e, quando a água estava fervendo, chamou a bruxa dizendo que não sabia se a água já estava no ponto...

Quando a bruxa chegou perto, Mariazinha empurrou-a para dentro do caldeirão. Em seguida ela libertou seu irmão e os dois fugiram, levando junto o baú de tesouros da bruxa.

João e Maria andaram muito e conseguiram encontrar o caminho de volta. Sua mãe ficou muito contente! Depois dos abraços eles resolveram abrir o baú... Que surpresa! Estava cheio de ouro!

Depois disso, a família viveu sempre unida.

Uma história por dia. Blumenau: Todolivro, 2013.

Ilustra Cartoon/Arquivo da editora

Quem é ?

Michael Nitzschke/imageBROKER/Fotoarena

Jacob Grimm (1785-1863) e **Wilhelm Grimm** (1786-1859) tornaram-se os famosos **Irmãos Grimm** por causa de suas histórias. Nascidos na Alemanha, eles resgatavam e registravam histórias, lendas e contos tradicionais antigos de seu país, que eram contados oralmente, passando de geração em geração. Pensando em reunir essas histórias, os Irmãos Grimm publicaram, em 1812, **Histórias das crianças e do lar,** com 51 contos. À medida que recolhiam mais histórias do povo, o livro ia aumentando, chegando a reunir 181 contos. Alguns de seus contos mais famosos, além de **João e Maria**, são: **O lobo e os sete cabritinhos**; **Os músicos de Bremen**; **Rapunzel**; e **Branca de Neve e os 7 anões**.

Por dentro do texto

1 Quais são os personagens principais do conto?

2 Nos contos de fadas, é comum aparecer personagens que prejudicam outros. Eles são chamados de **vilões**. Quem é o vilão ou a vilã da história que você acabou de ler? Por quê?

3 Os personagens principais das histórias costumam enfrentar problemas. Escreva alguns dos problemas que João e Maria enfrentaram.

4 Onde acontecem as ações vividas pelos personagens principais dessa história?

Ilustra Cartoon/Arquivo da editora

5 Numere os fatos do conto, na ordem em que aconteceram.

☐ João e Maria, com muito esforço, conseguiram enganar a bruxa malvada e fugir.

☐ A senhora, na verdade, era uma bruxa.

☐ Os dois irmãos se perderam na floresta.

☐ João e Maria precisavam buscar frutas na floresta para ter o que comer.

☐ Eles encontraram uma senhora que morava em uma casa feita de doces.

6 Releia o trecho a seguir e responda por que Joãozinho estava desconfiado.

Joãozinho, desconfiado, mostrava sempre um ossinho de frango.

....

....

7 Como Joãozinho e Maria escaparam da bruxa?

8 Releia:

— Desculpe-nos, senhora... É que estamos mortos de fome! — justificou Joãozinho.

a) O que as reticências indicam nesse trecho?

☐ Indicam que Joãozinho está fazendo uma pergunta.

☐ Indicam que Joãozinho fez uma pequena pausa em sua fala.

☐ Indicam que Joãozinho se sente muito animado.

b) Que sinal de pontuação foi usado para introduzir as falas dos personagens?

....

Produção relâmpago → Ilustração de cena do conto

Releia os contos **Rapunzel** e **João e Maria** e desenhe uma cena que represente o trecho que você mais gostou desses contos.

VOCÊ EM AÇÃO

Conto de fadas

Você leu dois **contos de fadas** e aprendeu que suas histórias são mágicas e de encantamento. Isso quer dizer que tudo pode acontecer. Não há limite para a imaginação! Aprendeu também que essas histórias podem apresentar versões diferentes.

> **Objetivos da produção:** criar uma nova versão para um conto de fadas e produzir um livro de histórias da turma.
>
> **Público-alvo:** colegas da turma e da escola, amigos, parentes e leitores da biblioteca da escola.

Planejando suas ideias

1 Reúna-se com um colega para escolher o conto de fadas.

2 Vocês poderão pesquisar na internet, em *sites* recomendados pelo professor, ou ir à biblioteca da escola. Depois de selecionar o conto, anotem as seguintes informações:

- Onde se passa a história?
- Quem são os personagens principais e como eles são descritos?
- Quais são os problemas enfrentados pelos personagens?
- Como os problemas são solucionados?
- O que acontece no final da história?

Rascunho

1 No caderno, produzam o rascunho do seu texto. Lembrem-se de que uma boa história deve provocar emoção e curiosidade no leitor. A personagem principal deve enfrentar os problemas com coragem para que o desfecho seja feliz.

2 Se preferirem, deem um novo título ao conto produzido.

Revisando suas ideias

1 Retomem os pontos do planejamento para verificar se vocês não se esqueceram de nenhum detalhe.

2 Depois, troquem o texto com outra dupla para que ela avalie o conto. Vocês também vão avaliar o texto da dupla com atenção, seguindo o roteiro abaixo.

	Sim	Não
As orientações do planejamento foram seguidas?		
O desfecho tem ligação com o início e o desenvolvimento da história?		
As falas estão indicadas com travessão ou aspas?		
O desfecho foi interessante? É diferente do desfecho do conto original?		
A pontuação e a grafia das palavras estão corretas?		

Texto final

1 Após a avaliação do colega, faça as alterações necessárias e tire as dúvidas com o professor para melhorar seu texto.

2 No **Material de apoio**, escrevam a versão final e façam uma ilustração.

3 Entreguem seu conto ao professor, que, primeiro, vai organizar a leitura dos textos para que toda a turma possa conhecer os contos produzidos.

4 Depois, vocês vão montar uma **antologia** com todos os contos. Escolham os colegas que vão fazer a capa e o sumário. Combinem também como será feita a divulgação da antologia: entre amigos, parentes, na escola, na biblioteca, etc.

Ilustra Cartoon/Arquivo da editora

12 TIRA OU TIRINHA

Leitura 1

Você acha que as magias e os encantamentos também acontecem na vida real?

Leia a tirinha abaixo e descubra.

Níquel Náusea, de Fernando Gonsales. **Folha de S.Paulo**, São Paulo, 6 jun. 2006. Ilustrada, p. 9.

Quem é?

Fernando Gonsales nasceu em São Paulo no ano de 1961. É formado em Veterinária e em Biologia, mas seguiu a carreira de escritor e desenhista. Considerado um importante cartunista brasileiro, já ganhou vários prêmios por seus quadrinhos. Criador do ratinho Níquel Náusea, suas tiras são publicadas em diversos jornais impressos e digitais.

Por dentro do texto

1 Como a história é contada? Marque um **X** na alternativa correta.

☐ Por meio de versos. ☐ Por meio de ilustrações e textos.

A **tira** (ou **tirinha**) é uma história organizada em quadrinhos ilustrados, dispostos na horizontal. As falas e os pensamentos dos personagens ficam em balões. As tiras podem, ainda, apresentar **onomatopeias**, que são palavras que representam sons.

2 Quem são os personagens da tira? Onde eles estão?

....

....

3 O que a criança pede à mulher no primeiro quadrinho?

....

4 Por que a criança pede à mulher que feche os olhos?

....

....

5 Releia esta fala:

O **truque** falhou!

a) Você sabe o que é **truque**? **b)** Por que o truque falhou?

6 O que indica a expressão do rosto da mulher no último quadrinho?

....

7 Você achou essa história engraçada? Por quê?

8 O que representa a palavra **SMAC** no segundo quadrinho da tira?

....

Produção relâmpago

Balão de pensamento

O que será que a mulher pensou depois de ter beijado o sapo?

Escreva nos balões abaixo três pensamentos que ela poderia ter tido.

Leitura 2

A tirinha que você vai ler apresenta personagens bem conhecidos vivendo situações surpreendentes!

Ivo viu a uva. Disponível em: <ivoviuauva.com.br>. Acesso em: 14 dez. 2019.

Por dentro do texto

1 A tira que você leu é formada por quantos quadrinhos?

....

2 Quem são as personagens que fazem parte da história?

....

....

3 Esses personagens são comuns em tirinhas?

....

....

4 No primeiro quadrinho, com quem o personagem está falando?

....

5 Observe o segundo quadrinho:

Rubens Bueno/http://www.ivoviuauva.com.br/

a) O que significam os corações próximos à cabeça do príncipe?

....

b) E as linhas retas ao lado da trança e os riscos próximos ao laço?

....

....

6 Observe o balão de fala do terceiro quadrinho:

a) Que sinal de pontuação foi utilizado para compor o balão?

....

b) O que esse sinal indica no quadrinho?

☐ Indica que o príncipe tem dúvida.

☐ Indica que o príncipe se assustou com algo.

7 Releia a fala do narrador no último quadrinho. Como você responderia a essa pergunta?

....

....

8 Compare o conto **Rapunzel**, lido anteriormente, e a tira. Converse com os colegas e o professor a respeito das diferenças entre as histórias.

VOCÊ EM AÇÃO

Tira

Neste item você leu tiras que faziam referência a personagens conhecidos dos contos de fadas. Você também observou que as tiras são compostas de texto e ilustrações e se organizam em três ou quatro quadrinhos.

Agora, você e sua turma vão produzir tiras para compor um gibi da turma.

> **Objetivo da produção:** criar uma tira para compor um gibi da turma.
>
> **Público-alvo:** colegas da turma e da escola, amigos e familiares, leitores da biblioteca da escola, etc.

Planejando suas ideias

1 Leia esta outra tira. Depois, converse com os colegas e o professor sobre os personagens e a história à qual pertencem.

© Fernando Gonsales/Acervo do cartunista

2 Agora, pense em contos de fadas, fábulas, lendas e seus personagens. Escolha uma história e os personagens que vão integrar sua tira.

3 Antes de iniciar, responda às seguintes questões:

- Que personagens vão participar da sua tira?
- Que situação os personagens vão vivenciar?

4 Registre as informações no caderno.

Rascunho

Em uma folha avulsa, faça a primeira versão da tira seguindo as instruções:

- Com lápis preto e régua, faça dois ou três quadros.
- Faça um esboço do que irá acontecer em cada quadrinho.
- Ao desenhar, fique atento à expressão do rosto dos personagens, às cores, às linhas que indicam movimento, etc.
- Escreva as falas e os pensamentos dentro de balões. Você também pode usar onomatopeias para representar sons.

Revisando suas ideias

1 Troque a tira com um colega e faça a avaliação da produção dele seguindo o roteiro abaixo.

	Sim	Não
Os personagens da tira são de histórias conhecidas?		
As falas e os pensamentos estão em balões?		
É possível entender a história criada?		
É possível compreender os desenhos?		
Foram usadas onomatopeias?		
As palavras foram escritas corretamente? Foram usados sinais de pontuação?		
As letras estão legíveis e de tamanho adequado?		

2 Após a avaliação dos colegas, peça ao professor que leia sua tira e o oriente em como melhorá-la.

Texto final

1 Em uma folha avulsa refaça a tira com as modificações necessárias. Não se esqueça de dar um título a ela e assiná-la.

2 Entregue a tira ao professor, que vai reunir a de todos em um gibi.

3 Juntos, decidam em que locais o gibi vai circular. Vocês podem combinar de, a cada dia, um aluno levá-lo para casa, para mostrá-lo aos familiares. Por fim, o gibi poderá ficar na biblioteca da escola para que os colegas de outras turmas também possam conhecê-lo.

EXPLORANDO O TEMA...

Tempo de compartilhar

Estar entre amigos e em família é sempre bom porque podemos compartilhar sentimentos como o amor, o afeto, a amizade e a gratidão. Datas comemorativas são importantes, pois elas promovem a oportunidade de oferecer um gesto de carinho para o outro. Entre tantas datas comemorativas está o Natal.

Leia a seguir uma lenda de Natal.

Lenda do pinheiro de Natal

Ilustra Cartoon/Arquivo da editora

Há muito, muito tempo, na noite de Natal, existiam três árvores junto do presépio: uma tamareira, uma oliveira e um pinheiro. Ao verem o Menino Jesus nascer, as três árvores quiseram oferecer-lhe um presente. A oliveira foi a primeira a oferecer, dando ao Menino Jesus as suas azeitonas. A tamareira, logo a seguir, ofereceu-lhe as suas doces tâmaras. Mas o pinheiro, como não tinha nada para oferecer, ficou muito infeliz. As estrelas do céu, vendo a tristeza do pinheiro, que nada tinha para dar ao Menino Jesus, decidiram descer e pousar sobre os seus galhos, iluminando e enfeitando o pinheiro. Quando isto aconteceu, o Menino Jesus olhou para o pinheiro, levantou os braços e sorriu! Reza a lenda que foi assim que o pinheiro — sempre enfeitado com luzes — foi eleito a árvore típica de Natal.

Lenda do pinheiro de Natal, de Jean-Baptiste Poquelin Molière. Disponível em: <https://leiturinha.com.br/blog/contos-de-natal/> Acesso em: 5 nov. 2019.

Refletindo sobre o tema

1 O que você achou do desejo das árvores em oferecer presentes ao Menino Jesus?

2 O pinheiro ficou triste por não ter nada para oferecer. Você também teria ficado triste?

3 Além de frutos, o que as árvores poderiam ter oferecido?

4 Na sua casa você e sua família comemoram o Natal? Se sim, de que forma?

5 Que outras datas você e sua família comemoram? O que costumam fazer nessas datas ?

Ampliando e mobilizando ideias

1 Faça uma pesquisa sobre as tradições e os rituais realizados no Natal no Brasil e em outros países. Registre no caderno as informações que conseguir. Socialize as descobertas com a turma.

2 Em seguida, você e os colegas vão produzir verbetes poéticos com a temática de Natal para serem distribuídos na escola. Para isso siga as orientações:

- Definam quais serão os verbetes e com qual cada um ficará.
- Criem os verbetes poéticos: eles deverão conter mensagens poéticas que serão distribuídas na comunidade escolar.
- Façam cartões decorados para transcrição dos verbetes.

SUGESTÕES PARA O ALUNO

UNIDADE 1

Livro

O diário escondido da Serafina, de Cristina Porto. São Paulo: Ática.

Levada e serelepe, Serafina está sempre inventando mil brincadeiras: diverte-se com as palavras, inventa seres que não existem e, como se isso não bastasse, cria um diário e um dicionário que fala de sentimentos.

CD

Canções Curiosas, de Paulo Tatit e Sandra Peres. Palavra Cantada.

Vencedor de diversos prêmios, esse CD é repleto de músicas criativas, bem trabalhadas e com belos arranjos. Destaque para a canção "Pindorama".

Série

Ursos sem curso. Direção de Daniel Chong. Estados Unidos, 2015.

Essa série conta as aventuras de três irmãos ursos adotivos que se esforçam para se livrar de seus instintos animais e se adaptar à sociedade humana.

Filmes

Sing: quem canta seus males espanta. Direção de Garth Jennings. Estados Unidos, 2016.

Um coala otimista está em uma situação muito difícil: seu teatro está prestes a fechar. Para tentar salvá-lo, o coala promove um concurso de canto com novos talentos. Um filme que ensina a lutar pelos sonhos e pelo que acreditamos.

Heidi. Direção de Alain Gsponer. Alemanha/Suíça, 2015.

O filme conta a aventura de uma menina órfã que vai morar com seu avô rabugento. Com o tempo e a convivência ela consegue mudar a vida do avô e construir uma linda amizade.

UNIDADE 2

Livro

O cão robô, de Mark Oliver. Jandira: Ciranda Cultural.

O livro conta a história de um cão robô que foi enviado para um ferro-velho por ter uma orelha defeituosa. Como qualquer cão, ele quer ter um dono, mas será que ele encontrará alguém que cuide dele e lhe dê carinho?

Filme

Winter, o golfinho. Direção de Charles Martin Smith. Estados Unidos, 2011.

Um garoto encontra um golfinho encalhado na areia da praia e auxilia em seu resgate. Mais tarde, ele resolve visitar o animal, que o reconhece, e a partir daí criam uma linda amizade.

Canal

Ideias Incríveis: Brincadeiras. Disponível em: <https://www.youtube.com/channel/UC8Xr4ENA7Puxr_gxogBqpnA>. Acesso em: 28 fev. 2020.

Canal de vídeos com ideias criativas para as crianças se divertirem, criarem objetos e brinquedos e realizarem experimentos.

UNIDADE 3

Livro

Pequeno dicionário poético-humorístico ilustrado, de Elias José. São Paulo: Paulinas.

Verbetes lúdicos e poéticos são criados pelo autor para explicar às crianças palavras variadas do universo infantil.

Filme

Meu monstro de estimação. Direção de Jay Russell. Austrália/Estados Unidos/Reino Unido, 2008.

O filme aborda a temática da amizade entre animais e crianças e conta a história de um garotinho que encontra um ovo e, em segredo, leva-o para casa. Com o tempo, o ovo dá origem a uma fera que só cresce. Essa amizade vai ajudar o menino a enfrentar vários desafios e superar traumas.

CD

Roda que rola, de Ponto de partida e Meninos de Araçuaí, 2003.

Reprodução em CD de um espetáculo musical protagonizado pelo coro Meninos de Araçuaí, do Vale do Jequitinhonha, que circulou por dezenas de cidades mineiras apresentando a milhares de crianças um repertório emocionante com muita poesia, batuques, cirandas e vários clássicos da música popular brasileira.

UNIDADE 4

Livro

Obax, de André Neves. São Paulo: Brinque-Book.

O livro conta a história de uma menina que vivia na savana africana e que teve uma visão inusitada. Seus amigos e familiares creem que é um sonho e devaneio da menina, que, por sua vez, jura de pé junto ser verdade. Ela vai se aventurar pelo mundo para provar que o que ela viu é real.

Filme

Um faz de conta que acontece. Direção de Adam Shankman. Estados Unidos, 2009.

Um faz-tudo de um hotel recebe a tarefa de cuidar de seus sobrinhos. Misteriosamente, as histórias que ele conta às crianças se tornam realidade. Quando ele decide tirar proveito da situação, envolve-se em divertidas e inusitadas aventuras.

Canal

Fafá Conta. Disponível em: <https://www.youtube.com/channel/UC9fxSdFjcz5QWDEhYCk_k1w>. Acesso em: 28 fev. 2020.

Canal de conteúdo infantil com muita contação de histórias e livros divertidos. Fafá também apresenta vídeos de curiosidades e brincadeiras.

BIBLIOGRAFIA

BATISTA, A. A. G. *O texto escolar*: uma história. Belo Horizonte: Autêntica, 2007.

BEZERRA, B. G.; BIASI-RODRIGUES, B.; CAVALCANTE, M. M. (Org.). *Gêneros e sequências textuais*. Recife: Edupe, 2009.

BRASIL. Ministério da Educação. *Base Nacional Comum Curricular.* Brasília: MEC, 2018. Disponível em: <http://basenacionalcomum.mec.gov.br/images/BNCC_EI_EF_110518_versaofinal_site.pdf>. Acesso em: 7 jan. 2020.

CHARAUDEAU, P. *O discurso das mídias*. São Paulo: Contexto, 2006.

COSCARELLI, C.; RIBEIRO, A. E. (Org.). *Letramento digital*: aspectos e possibilidades pedagógicas. 2. ed. Belo Horizonte: Ceale/Autêntica, 2007.

DELL'ISOLA, R. L. P. *Retextualização de gêneros escritos*. Rio de Janeiro: Lucerna, 2007.

DOLZ, J.; SCHNEUWLY, B. *Gêneros orais e escritos na escola*. Tradução e organização de Roxane Rojo e Glaís Sales Cordeiro. Campinas: Mercado de Letras, 2004.

KOCH, I. V. *Desvendando os segredos do texto*. São Paulo: Cortez, 2003.

_______; ELIAS, V. M. *Ler e escrever*. São Paulo: Contexto, 2015.

MARCUSCHI, L. A. *Da fala para a escrita*: atividades de retextualização. São Paulo: Cortez, 2005.

_______. Gêneros textuais: configuração, dinamicidade e circulação. In: KARWOSKI, A. M.; GAYDECZKA, B.; Brito, K. S. (Org.). *Gêneros textuais*: reflexões e ensino. Rio de Janeiro: Lucerna, 2006.

_______. Gêneros textuais: definição e funcionalidade. In: DIONISIO, A. P.; MACHADO, A. R.; BEZERRA, M. A. (Org.). *Gêneros textuais & Ensino*. Rio de Janeiro: Lucerna, 2005.

_______. *Produção textual, análise de gêneros e compreensão*. São Paulo: Parábola, 2008.

ROJO, R.; MOURA, E. *Multiletramentos na escola*. São Paulo: Parábola Editorial, 2012.

UNIDADE 4

CONTO DE FADAS

NOME: .... DATA: ....

Banco de imagens/Arquivo da editora

Banco de imagens/Arquivo da editora